GRADUATION DESIGN CONTEST 2024

埼玉建築設計監理協会主催　第24回 卒業設計コンクール　作品集

はじめに

一般社団法人 埼玉建築設計監理協会の次世代育成事業として
建築系学生奨励事業委員会が中心となり卒業設計コンクール展を開催しております。
この度第24回を迎え、令和6年4月20日から23日まで開催いたしました。
今年は埼玉会館で12大学14学部の40作品が参加し、
埼玉をテーマにした26作品と自由作品14作品が開催日前からWebにより公開され、
多くの会員、および協賛いただいた方々に事前にご覧いただきました。
4月21日（日）に審査の日を迎え、審査員にはリアルな作品に真剣に向き合い、
投票をしていただき、各賞が決定されました。
さらに、今回の卒業設計コンクール展では審査中に学生の氏名と大学名を公表し、
学生が作品の前で審査員と直接対話できるようにしました。
この卒業設計コンクール展を支えてくださった埼玉県、さいたま市、各団体に心から感謝申し上げます。
また、特別審査委員長　岩城和哉教授をはじめ、各大学の先生方に深く感謝申し上げます。

当卒業設計コンクールでは埼玉県内の場所、または自由な場所を設定することが出発点となります。
この場所（土地）を調査し、そこから生まれるアイデアがコンクールの核となっています。
出展された作品も建築の改修・土木的な作品と多岐にわたっています。
今回で24回目となり、建築系学生にとって一生に一度しか出展できない作品であることから、
社会に出てもこの経験が貴重な宝となるでしょう。

結びに、卒業設計コンクール展に協賛いただき、
また、作品集の発行もお引き受けいただいた総合資格学院様、
そして出版局の皆様に感謝と御礼を申し上げます。

一般社団法人 埼玉建築設計監理協会 会長　神田 廣行

協賛および作品集発行にあたって

当学院は、建築の道を志す学生の皆様のお手伝いとして、
全国各地で開催されている学生設計展など、
建築系のイベントを積極的に支援しています。
本年も、埼玉建築設計監理協会主催卒業設計コンクールへ協賛し、
本コンクールをまとめた作品集を発行いたしました。

今回で24回目を迎えた歴史ある本コンクールは、
地域の課題へ意欲的に取り組んだ作品が毎年多く出展されています。
本コンクールに参加された学生の方々、また本作品集をご覧になった若い方々が、
時代の変化を捉えて新しい建築の在り方を構築し、
高い倫理観と実務能力を持った建築家そして技術者となって、
将来、家づくり、都市づくり、国づくりに貢献されることを期待しています。

総合資格 代表取締役 　岸　和子

CONTENTS

- 02 はじめに （一社）埼玉建築設計監理協会 会長　神田 廣行
- 03 協賛および作品集発行にあたって　総合資格 代表取締役　岸 和子
- 05 コンクール概要
- 06 開催団体一覧

Chapter1
- 07 審査員紹介
- 08 審査総評　審査委員長　岩城 和哉／**特別審査員紹介**
- 10 受賞作品一覧

Chapter2　11 受賞作品紹介

- 12 埼玉県知事賞
  菅野 大輝（工学院大学 建築学部 建築デザイン学科）
- 14 準埼玉賞
  池見 紀乃（筑波大学 芸術専門学群 環境デザイン領域）
- 16 埼玉建築設計監理協会賞
  久保 桜子（工学院大学 建築学部 建築デザイン学科）
- 18 準埼玉建築設計監理協会賞／JIA埼玉最優秀賞／日建学院賞
  岸 ちひろ／柳澤 貴太
  （東京電機大学 理工学部 建築・都市環境学系）
- 20 特別審査員賞
  行川 慧（東洋大学 理工学部 建築学科）
- 22 特別審査員賞
  山崎 翔大朗（工学院大学 建築学部 建築デザイン学科）
- 24 特別審査員賞
  竹島 綾里（実践女子大学 生活科学部 生活環境学科）
- 26 JIA埼玉優秀賞
  藤村 圭央莉（ものつくり大学 技能工芸学部 建設学科）
- 28 JIA埼玉優秀賞
  高橋 陸（日本工業大学 建築学部 建築学科）
- 30 埼玉県住宅供給公社賞
  早川 航平（日本大学 生産工学部 建築工学科）
- 32 さいたま住宅検査センター賞
  吉里 聡真（芝浦工業大学 システム理工学部 環境システム学科）
- 34 さいたま住宅検査センター賞
  石橋 怜奈（東洋大学 ライフデザイン学部 人間環境デザイン学科）
- 36 総合資格学院賞
  樅山 大耀（芝浦工業大学 システム理工学部 環境システム学科）
- 38 総合資格学院賞
  久保田 知里（芝浦工業大学 システム理工学部 環境システム学科）
- 40 日建学院賞
  松岡 実優（実践女子大学 生活科学部 生活環境学科）

Chapter3　43 作品紹介

- 44 渡邉 康太（芝浦工業大学 システム理工学部 環境システム学科）
- 46 横尾 真世（東洋大学 ライフデザイン学部 人間環境デザイン学科）
- 48 武井 彩菜（東京理科大学 創域理工学部 建築学科）
- 50 井藤 飛鳥（ものつくり大学 技能工芸学部 建設学科）
- 52 深井 瑞紀（東洋大学 理工学部 建築学科）
- 54 中山 優（東京電機大学 未来科学部 建築学科）
- 56 綱島 雄真（広島大学 工学部 第四類）
- 58 保坂 勇飛（東洋大学 理工学部 建築学科）
- 60 齋藤 実希（日本工業大学 建築学部 建築学科）
- 62 田中 葵生（実践女子大学 生活科学部 生活環境学科）
- 64 亀谷 理久（武蔵野大学 工学部 建築デザイン学科）
- 66 安西 達哉／八代 翔
  （東京電機大学 理工学部 理工学科 建築都市環境学系）
- 68 ニン シュエ イー（ものつくり大学 技能工芸学部 建設学科）
- 70 篠木 大樹（日本工業大学 建築学部 建築学科）
- 72 佃 彩名（東京電機大学 未来科学部 建築学科）
- 74 濱 ゆとり（日本大学 生産工学部 建築工学科）
- 76 國峯 朝紀（芝浦工業大学 システム理工学部 環境システム学科）
- 78 渡部 真優（東京理科大学 創域理工学部 建築学科）
- 80 佐藤 慧（工学院大学 建築学部 建築デザイン学科）
- 82 岡村 知輝（東京電機大学 未来科学部 建築学科）
- 84 鈴木 晴香
  （日本工業大学 建築学部 建築学科 生活環境デザインコース）
- 86 志風 智香（ものつくり大学 技能工芸学部 建設学科）

Chapter4　89 研修旅行記

- 90 受賞者研修旅行記　宮本 早紀（2023年埼玉県知事賞）

コンクール概要

埼玉建築設計監理協会主催 建築系学生奨励事業
第24回 卒業設計コンクール 概要

[主　旨]

昨今の都市計画や建築デザインにおいても、
ICT革命時代にふさわしい斬新な発想が求められている。
そのような中、新しい世紀の第一線で活躍が期待される建築系学生の能力向上、
育成を図る目的で、次代を先取した意欲ある作品を募集し、
若い学生たちの考える創造価値と熱意を奨励する。
特に、「埼玉」を分析し、再構築を試みることによりまちづくりの活性化を図り、
地域を変える起爆剤となるような夢溢れる作品を望む。

[テーマ]

地元「埼玉」について積極的に考え、課題を掘り起こした作品を広く募集するとともに、
各人の選定した自由テーマとする。

[募集作品]

①埼玉をテーマとした作品（埼玉県知事賞対象候補）
②自由作品
上記の分類による都市や建築デザインをテーマとした個人作品の卒業設計を対象とする。

[参加校]

工学院大学／芝浦工業大学／実践女子大学／筑波大学／東京電機大学／東京理科大学／
東洋大学／日本工業大学／日本大学／広島大学／武蔵野大学／ものつくり大学

[日　程]

審査会
　　2024年4月21日（日）　12:30〜

展示期間
　　2024年4月20日（土）　13:00〜17:00
　　2024年4月21日（日）　10:00〜17:00
　　2024年4月22日（月）　10:00〜17:00
　　2024年4月23日（火）　10:00〜12:00

[会　場]

埼玉会館　第3展示室

開催団体一覧

［主 催］
　一般社団法人 埼玉建築設計監理協会

［共 催］
　一般社団法人 日本建築学会関東支部埼玉支所
　一般社団法人 埼玉建築士会
　一般社団法人 埼玉県建築士事務所協会
　公益社団法人 日本建築家協会関東甲信越支部埼玉地域会（JIA埼玉）
　一般社団法人 埼玉県建設産業団体連合会
　埼玉県住宅供給公社
　一般財団法人 さいたま住宅検査センター

［協 賛］
　一般社団法人 埼玉県建設業協会
　一般財団法人 埼玉県建築安全協会
　総合資格学院
　日建学院
　松坂屋建材 株式会社
　生和テクノス 株式会社
　生涯スポーツ建設 株式会社
　株式会社 中西製作所
　株式会社 カワムラ
　株式会社 オキナヤ
　株式会社 アーバンリサーチ
　和光建設 株式会社
　スミダ工業 株式会社
　吾妻工業 株式会社
　株式会社 佐伯工務店
　株式会社 島村工業
　株式会社 蓮見工務店

［後 援］
　埼玉県
　さいたま市
　テレビ埼玉

審査総評

建築と場所の関わりを丁寧に読み解く

審査委員長
岩城 和哉
（東京電機大学 教授）

　今年は応募41作品のうち、埼玉県知事賞の対象作品が27作品と2/3を占め、本コンクールの特徴である「埼玉という地域に根ざした提案の豊富化」が着実に定着しつつあることを感じました。もちろん、埼玉以外を敷地とした作品も受け入れるという従来の方針は変わらず維持されており、14作品の応募がありました。

　今年は審査方法に関して、2つの変更点があります。1つは、従来の匿名審査ではなく、実名審査としたことです。具体的には、作品に大学名と氏名を明記し、さらに審査中に応募者による口頭説明（任意）を可能としました。特に後者に関して、短時間での適切な説明能力が審査結果に影響した可能性もあります。もう1つは、特別審査委員賞の公開選考です。従来は別室で行われていた選考を展示会場で行いました。どの作品が選考の候補に上がり、どの

特別審査員

委員長			吉村 英孝	日本工業大学 准教授
岩城 和哉	東京電機大学 教授		伊藤 暁	東洋大学 准教授
			仲 綾子	東洋大学 教授
江川 香奈	東京電機大学 助教		岡田 公彦	ものつくり大学 教授
萩原 雅史	東京電機大学 講師		内藤 将俊	実践女子大学 教授
松下 希和	芝浦工業大学 教授		金澤 圭竹	埼玉県都市整備部建築安全課 課長

ような議論がなされ、各審査員がどの作品を評価したか、といった内容が応募者や来場者に公開されました。次回に向けてその妥当性の検証が必要ですが、この2つの変更に対する当日の会場の声はおおむね好評でした。

本コンクールは、建築と場所の関わりを重要な主題としています。今回の応募案では、敷地選定の根拠や意義、場所特性の分析に関する考察がプレゼンテーションの一部としてわかりやすく記載され、建築と場所の関わりを丁寧に読み解いた提案が例年以上に充実している印象を受けました。さらに、審査において高く評価された応募案は、歴史、文化、地勢といった敷地特性を単なる情報として抽出するのではなく、記憶や体験を想起させるような空間性や雰囲気を伴うものとして捉え、それを建築へと昇華し、適切に表現している点が秀逸でした。

敷地特性を建築のかたちへと翻訳していく能力（技術）はもちろん重要ですが、その前段階において、敷地から何を読み取り、それをどのようにすくい取るかという能力（感性）の重要性をこれらの応募案は示しています。次回以降も、場所に対する豊かな感性と、それを建築化する技量を兼ね備えた多様な応募案が集まることを期待します。

最後になりましたが、「第24回卒業設計コンクール展」公開審査を滞りなく実行できたことに対して、本コンクールに応募していただいた学生のみなさん、審査をご担当いただいた皆様、そして、審査会開催と運営にご尽力いただいた埼玉建築設計監理協会をはじめとする関係者の皆様に、この場を借りて感謝申し上げます。

太田 裕之	さいたま市建設局建築部保全管理課 課長	中村 孝之	埼玉県住宅供給公社 技術部長
宇杉 和男	日本建築学会関東支部埼玉支所 幹事	高野 純司	さいたま住宅検査センター 担当部長
丸岡 庸一郎	埼玉建築士会 副会長		
佐藤 啓智	埼玉県建築士事務所協会 会長		
代田 正司	日本建築家協会（JIA埼玉）会長		
知久 裕之	埼玉県建設産業団体連合会 常務理事		

受賞作品一覧

埼玉県知事賞… 埼玉をテーマとした最も優れた作品（1作品）

「額縁から見る ―建築の作品化による街道沿いの分散型展示廊―」
菅野 大輝（工学院大学 建築学部 建築デザイン学科）

準埼玉賞… 埼玉をテーマとした優れた作品（1作品）

「水文化ユニットのリデザインによる槻川の流域治水」
池見 紀乃（筑波大学 芸術専門学群 環境デザイン領域）

埼玉建築設計監理協会賞… 募集作品の中で最も優れた作品（1作品。埼玉県知事賞受賞作品を除く）

「流動的図書空間 個性の片影が集う本棚の世界」
久保 桜子（工学院大学 建築学部 建築デザイン学科）

準埼玉建築設計監理協会賞… 募集作品の中で優れた作品（1作品。埼玉県知事賞受賞作品を除く）

「キノループ 林業の郷、70年構想」
岸 ちひろ／柳澤 貴太（東京電機大学 理工学部 建築・都市環境学系）

特別審査員賞… 各大学の先生による審査（3作品）

①「コモンインフィル 既成住宅街の再興」
行川 慧（東洋大学 理工学部 建築学科）

②「振る舞いを貯める ―物流現場に築くひとのための倉庫―」
山崎 翔大朗（工学院大学 建築学部 建築デザイン学科）

③「都市型高層建築構成法」
竹島 綾里（実践女子大学 生活科学部 生活環境学科）

JIA 埼玉賞… 優秀な提案、建築家にふさわしい作品（3作品。卒業設計を行った年度の大学・学科の所在地が埼玉県内である応募者の中から、JIA 埼玉会員が独自に選出を行う。JIA 埼玉最優秀賞1名、JIA 埼玉優秀賞2名を選定し、JIA 全国学生卒業設計コンクールに3作品程度推薦する。）

JIA 埼玉最優秀賞

「キノループ 林業の郷、70年構想」
岸 ちひろ／柳澤 貴太（東京電機大学 理工学部 建築・都市環境学系）

JIA 埼玉優秀賞

①「算数でつなぐまち」
藤村 圭央莉（ものつくり大学 技能工芸学部 建設学科）

②「トロッコが走る幸手の横丁鉄道」
高橋 陸（日本工業大学 建築学部 建築学科）

埼玉県住宅供給公社賞… まちづくりを題材とした作品（1作品）

「「ケア」担う浮屋根 既存団地改築による介護家族の新しい暮らし」
早川 航平（日本大学 生産工学部 建築工学科）

さいたま住宅検査センター賞… 住宅を題材とした優れた作品（2作品）

①「シネマアップデート計画 変化する映像媒体と映画館の在り方」
吉里 聡真（芝浦工業大学 システム理工学部 環境システム学科）

②「出会い、深める 才能を発散できる場所」
石橋 怜奈（東洋大学 ライフデザイン学部 人間環境デザイン学科）

総合資格学院賞… 社会に飛び出す若駒のエネルギッシュな作品（2作品）

①「Elementary Garden 教育指導要領の変遷における小学校の再考」
樫山 大耀（芝浦工業大学 システム理工学部 環境システム学科）

②「感性的美しさを魅せる」
久保田 知里（芝浦工業大学 システム理工学部 環境システム学科）

日建学院賞… 来場者の投票により選ばれた作品（2作品）

①「キノループ 林業の郷、70年構想」
岸 ちひろ／柳澤 貴太（東京電機大学 理工学部 建築・都市環境学系）

②「真仮想空間 さいたま市庁舎跡地活用計画」
松岡 実優（実践女子大学 生活科学部 生活環境学科）

※左記の選考基準は予定であり、出展状況により異なることがあります。

※埼玉県知事賞と埼玉建築設計監理協会賞では、副賞として海外研修旅行目録が贈られます。前回の受賞者の研修旅行記を、P089〜で紹介しています。

025

■ 埼玉県知事賞

額縁から見る
―建築の作品化による
　街道沿いの分散型展示廊―

Program	フォリー
Site	埼玉県桶川市
Making	7カ月
Cost	150,000円

建築の最後はあっけない。埼玉県桶川宿は残してきた歴史的価値を忘れられ、気づけば消滅しつつある。そんな現代に埋もれる建築に、額縁を付与し建築そのものを作品にする。空間を切り取り、工法を具体化し、構造を相対的に魅せる立体的な額縁は、既存を装飾建築として本来の価値を可視化していく。そして、解体物は小さなフォリーに再構築し、建材を保存しながら街道沿いに分散する。これらの建築という作品は中山道をギャラリー化し、現代の新たな宿場町を形成する。点在する建築を鑑賞し街道沿いを散策することで、桶川そのものを再発見していく分散型展示廊。

菅野 大輝
Daiki Kanno

工学院大学
建築学部
建築デザイン学科
樫原徹研究室

進路 ▶ 設計事務所

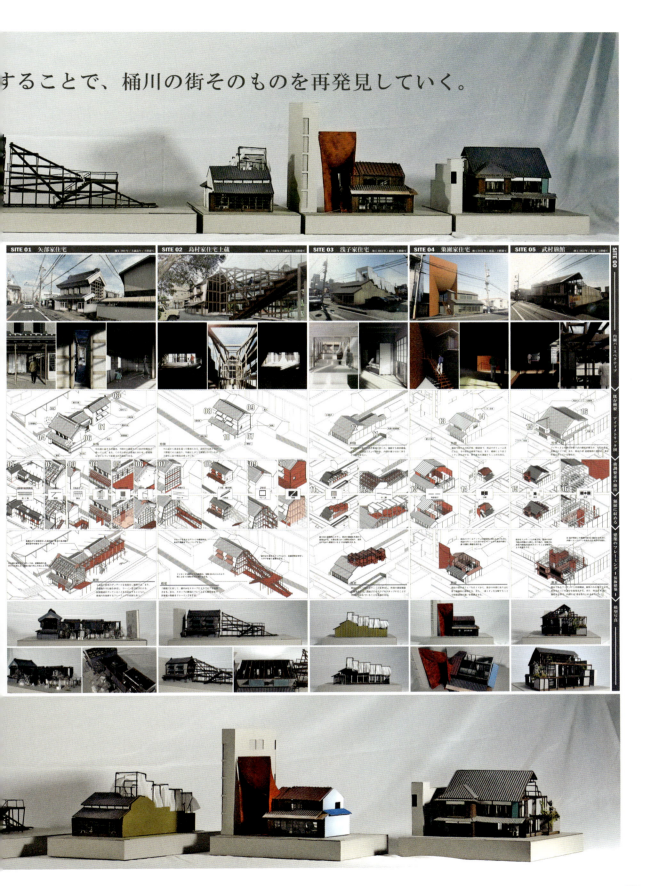

014

■ 準埼玉賞

水文化ユニットのリデザインによる槻川の流域治水

Program	農業研修施設・公園・商業施設
Site	埼玉県小川町
Making	3ヵ月
Cost	100,000円

本作品は、埼玉県小川町を流れる槻川の水文化拠点とそれらに関連する周辺環境を総じて「水文化ユニット」とし、流域治水の対策、仕組みに関心が向くようリデザインした提案である。研究結果から抽出した三つの水文化ユニットに対して、一つ目は日本酒や足湯を楽しみながら農業を学べる研修交流施設、二つ目は歴史と治水技術が学べる学習公園兼集水池、三つ目は対象ユニットの核となる栃本堰周辺に回遊性を生み出す親水空間をデザインした。これらによって管理体制が衰退している槻川流域全体に新しいマネジメントネットワークが形成される。流域治水の推進に資するような、より強固な人々の「つながり」が川から生み出されるのである。

池見 紀乃
Yoshino Ikemi

筑波大学
芸術専門学群
環境デザイン領域
菅野圭祐研究室

進路 ▶ 筑波大学大学院

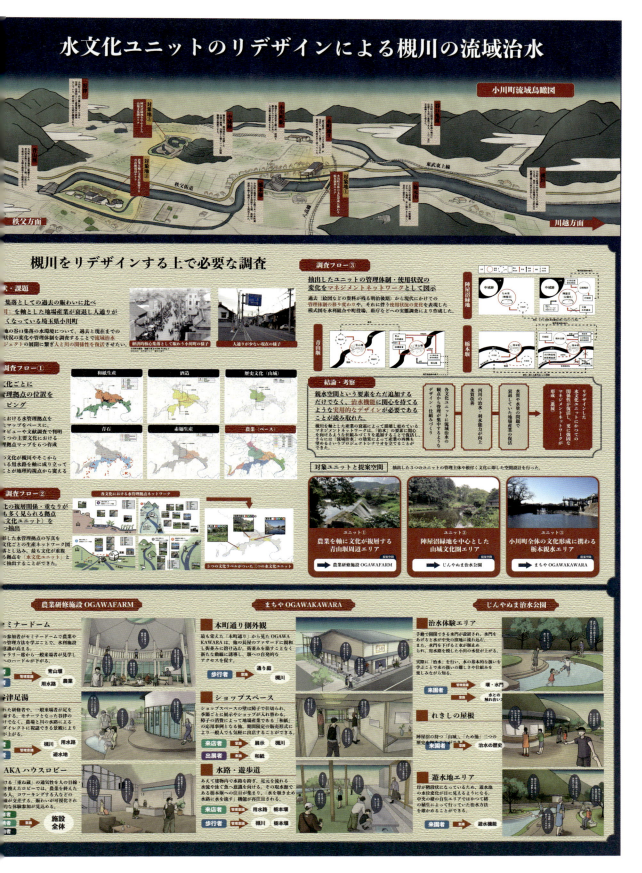

031

■ 埼玉建築設計監理協会賞

流動的図書空間
個性の片影が集う
本棚の世界

Program	複合図書施設
Site	東京都武蔵野市吉祥寺
Making	構想：1年　制作：2カ月
Cost	100,000円

私は幼い頃から本を読むことが好きだった。また他人の読んでいる本や本棚にも興味を持っていた。なぜなら、他人の頭の中を覗いている気分になれたからである。現在の図書館は本が番号通りに並べられた均質な空間だが、私の提案する図書空間では本の場所が固定されず人の手によって流動していくことで、本を通して新しいもの・ことを見つける場所をつくりたいと考えた。「空間の質」により本の位置を操作し、空間が人に影響を与えて本と出会うきっかけをつくる。本提案では空間の質を「空間のかたち、インテリア、素材、本棚のかたち」の4つに設定してパターンを挙げ、それらと人と本との関わり方を考え機能や動線、敷地に合わせて設計を行った。

久保 桜子
Sakurako Kubo

工学院大学
建築学部
建築デザイン学科
冨永祥子研究室

進路 ▶ 工学院大学大学院

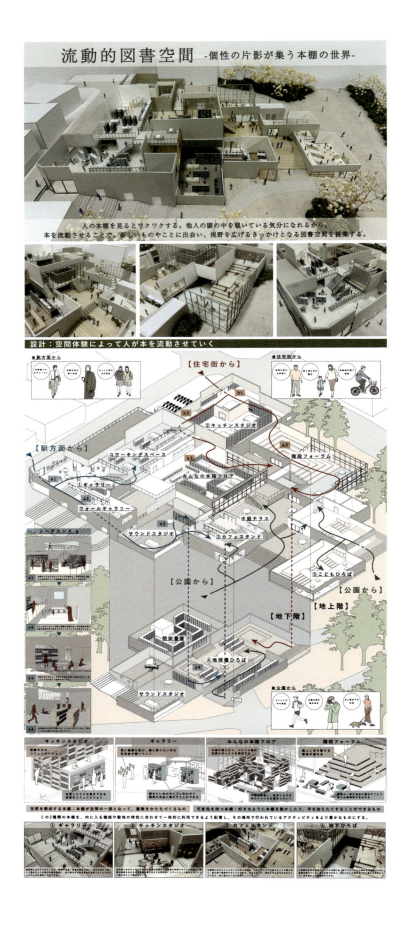

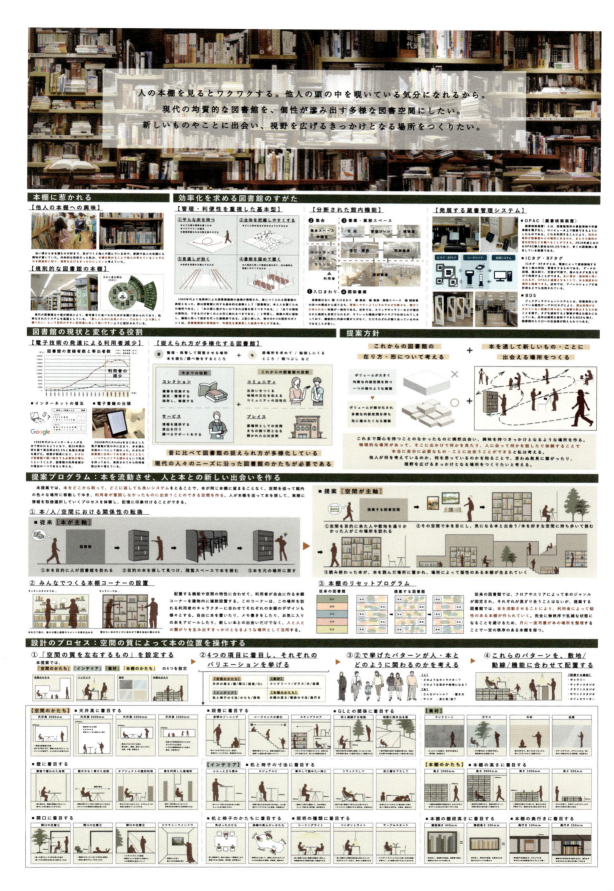

006

■ 準埼玉建築設計監理協会賞
■ JIA埼玉 最優秀賞
■ 日建学院賞

キノループ
林業の郷、70年構想

Program	林業、製材業、加工業を営む複合交流施設
Site	埼玉県入間市 武蔵カントリークラブ 豊岡コース
Making	2カ月
Cost	120,000円

現代の首都圏は自然がビル群へ代わり、コンクリートジャングルと化している。そこに森をつくり出し、緑の豊かさと共にある生活を構築する。敷地は埼玉県のゴルフ場跡地を採用し、人の手によって露出した大地を再び樹木で覆い、再生された森に寄り添うように人の生活環境を再構築する。郷には林業複合施設をはじめとした3つの施設と住宅地を設置する。木の成熟年数と木造住宅寿命がともに70年であることに着目し、木材の自給自足の関係が半永久的に行われる。個々の建物は五角形の単位ユニットで構成され、有機的で多様な連結による増殖が促されるため、バブル期に過度に開発されたゴルフ場が徐々に森の住処へと転生されてゆく。

岸 ちひろ／柳澤 貫太
Chihiro Kishi / Kanta Yanagisawa

東京電機大学
理工学部
建築・都市環境学系
岩城和哉研究室

進路 ▶ 東京電機大学大学院進学／就職

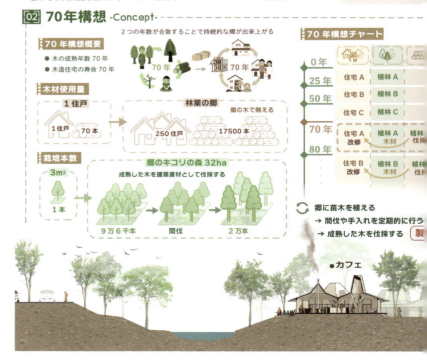

キノループ
― 林業の郷、70年構想 ―

01 敷地 -Site-

● 埼玉県入間市 武蔵カントリークラブ　豊岡コース　敷地総面積：64万㎡

この敷地は東京近郊のゴルフ場で、大きな道路とゴルフ場とで二重の壁になっていて隣接する中央公園も活気がないため、建築的アプローチでこのゴルフ場を変容させる。

ゴルフ場 × 森林 × 住宅街

①～⑥は見学と職業体験のルート
この順番に施設を回っていくことで原木から、製品になるまでの過程を時系列に学ぶことができる。

■ 休憩所断面図

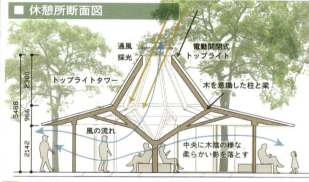

03 平面計画 -Plan-

一本の木が集まり森ができているように、同じ形が集まり、大小の建物を構成する。"ペンタモデル"をモジュールとしてその組み合わせで平面計画を行った。

五角形のモジュールプラン

ペンタモデル
四辺が同じ長さで角度が90度と120度からなる五角形をペンタモデルと称する。

● 3UNIT カフェ

プランパターン

● 中央展望デッキ　　● 木工ショップ　　● 乾燥所

001

■ 特別審査員賞

コモンインフィル
既成住宅街の再興

Program	駐車場・倉庫・学童保育・集合住宅
Site	埼玉県さいたま市見沼区
Making	2カ月
Cost	50,000円

うちはうち、よそはよそ。私が住むさいたま市内の戸建て住宅地は、排他的な雰囲気が漂っている。宅地化から月日が経てば地域コミュニティは希薄化し、人口減少で虫食い状に空き家が増えればさらに寂しさが増していくだろう。このような戸建て住宅地の再興を試みる。一方、地域コミュニティ形成を図る事例の多くは設計の手掛かりとなる地域の主体性や特殊なコンテクストに依存しているが、戸建て住宅地はそれらに乏しいため、普遍的手法が必要である。そこで、一人の建築家、一人の地権者から始められる、ありふれた住宅街の小さなまちづくりを考える。

行川 慧
Satoshi Namekawa

東洋大学
理工学部
建築学科
工藤和美研究室

進路 ▶ 東京都立大学大学院

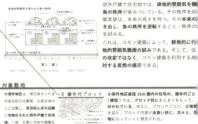

011

■ 特別審査員賞

振る舞いを貯める
-物流現場に築くひとのための倉庫-

Program	複合交流施設
Site	埼玉県熊谷市
Making	2カ月
Cost	100,000円

物流のための空間を思い浮かべた時、そこにひとはいただろうか。物流サービスが拡大する裏側で、物流現場には、ひとの為の空間が不十分であり、深刻な労働者不足を引き起こしている。そこで、その大きな枠組みの中で、労働者や地域住民が交流し、人々の「振る舞い」が貯まるようなひとの為の倉庫を提案する。

山崎 翔大朗
Shotaro Yamazaki

工学院大学
建築学部
建築デザイン学科
樫原徹研究室

進路 ▶ 工学院大学大学院

労働経験を通して感じた、物流現場独自のスペクタクル

01.【敷地】「熊谷物流倉庫団地」

【物流が見せる独自のダイナミズム】

広大な土地に多くの労働者が従事する「物流倉庫団地」風景に、ひとつの都市としての様相を感じた。

02. たくさんのモノが集まる物流現場

【食料品】【建材】【日用品】【衣料品】

世界中からたくさんのモノがこの地に集まる。

03. モノを交流資源と読み替える

【資材】+【作業服】→
地域と交感する制作体験　【建材利用アトリエ】
大量のモノを体験・消費する場へと展開する。

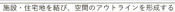

施設・住宅地を結び、空間のアウトラインを形成する

【活動を底上げ】　【倉庫見学】

おおらかな空間が倉庫のように、人々の多様な交流を内包し**不可視な物流倉庫団地のバイタリティを大きく風景化する**

04. 物流資源を活用する「巨大共創空間」

【産業に占拠された地表面に対して、上空に活動の場を築く】

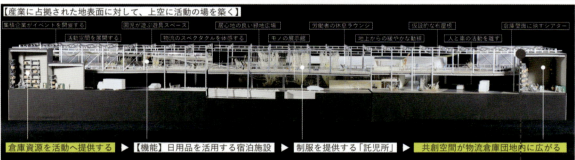

倉庫資源を活動へ提供する ▶ 【機能】日用品を活用する宿泊施設 ▶ 制服を提供する「託児所」 ▶ 共創空間が物流倉庫団地内に広がる

【周辺都市と繋がる、**物流都市への入り口**】

【休息ラウンジ】
ラウンジを通じた労働者同士の交流

【建材アート工房】
制作体験によって地域と交流する

【ドライバー宿泊施設】
物流2024年問題に対応する福利施設

【立体公園】
産業地帯の中心で緑に触れる

023

■ 特別審査員賞

都市型
高層建築構成法

Program	複合施設
Site	埼玉県さいたま市大宮区南銀座通り
Making	8カ月
Cost	50,000円

夜の繁華街を象徴する建物が並ぶ横丁は、いかにも入りにくい雰囲気が漂っているものの、一歩足を踏み入れると奥へ奥へと誘いこまれる。そして、活気ある雑多な空間や新たな出会いが魅力の一つとなっている。これを「背徳誘い空間」と定義する。一方で、閑静な住宅街やホテルでは、人々は落ち着きを感じ、その場にとどまろうとする。これを「健全落ち着き空間」と定義する。都市は、この2つの両極端な空間が膨大な中間領域を介して曖昧につながることで形成されている。この研究では、それぞれの空間を抽出し、隣接しあいながらつなげることで、それぞれの都市の魅力が凝縮した新たな積層建築の空間構成手法を提案することを目的とする。

竹島 綾里
Ayari Takeshima

実践女子大学
生活科学部
生活環境学科
建築デザイン研究室

進路 ▶ 就職

1. 敷地選定

背徳誘い空間…現存する人気ある飲み屋街を抽出する。
- 東京都　吉祥寺ハモニカ横丁
- 東京都　新宿思い出横丁
- 東京都　北千住飲み屋街
- 埼玉県　大宮南銀座通り

健全落ち着き空間…生活を彩る施設から、そのプログラムのみを抽出する。
- 居住系　ホテル、老人ホーム
- 健康系　温浴施設、スポーツ施設
- 学習系　大学、カルチャースクール

2. 設計手法

①背徳誘い空間同士を上下に積み重ね、都市同士の距離を9m離す。
各階で使用用途が異なる建物を抽出し、Material Cylinderによって繋げる。
このMaterial Cylinderで囲まれた空間は、背徳空間と健全落ち着き空間の融合空間となる。
②背徳誘い空間同士の層の内、Material Cylinderではない部分を健全落ち着き空間とする。

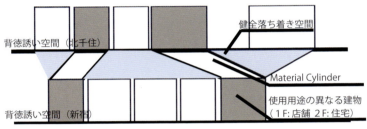

3.Material Cylinder

人々の水平方向の移動を促す、背徳誘い空間では、奥へ奥へと誘われていく、人々の動きを一度止め、縦方向への移動へと変換する。一方で、その場にとどまらせようとする、健全落ち着き空間では、人々の動きを動かし、縦方向への移動へと変換させる。Material Cylinder は、Wood Cylinder、Stone Cylinder、Nature Cylinder の 3 種類あり、人々の動きを誘発・抑制させる最小中間領域である。

Wood Cylinder

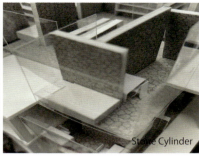
Stone Cylinder

Nature Cylinder

4. 背徳誘い空間と健全落ち着き空間の繋ぎ方

背徳誘い空間の6mを超える建物は、6m以上の部分は切り取り、屋根を付ける。
背徳誘い空間の屋根の上に3層の空間を挿入することで、背徳誘い空間、健全落ち着き空間を互いに行き来し、魅力ある空間を提案する。

←エレベーター
3層にまたがるエレベーターでは、移動手段・柱の役割を持つ。

交流の場・個人の場→
机やヨガスポットなどが様々な場所に配置されている。自由に動かせる扉を用い、個人の場としてもグループの交流の場としても利用することが出来る。

5．積層建築

3種類の Material Cylinder によって背徳誘い空間、健全落ち着き空間が本来持つそれぞれの良さが高められ、活動的な建築となっている、また、Material Cylinder は、建物の上下方向からのみではなく、敷地をまたいで、横方向からも繋がっており、人々の動きをより、活発化させている

あらゆる方向から繋がることで、知らず知らずの内に、健全落ち着き空間、背徳誘い空間、Material Cylinder を移動し、活発的な積層建築となる。

007

■ JIA埼玉優秀賞

算数でつなぐまち

Program	まちづくり
Site	埼玉県行田市
Making	3カ月
Cost	30,000円

8歳の時、生まれたときから一緒に暮らしていた祖母が亡くなった。死という意味がその時はあまりわからなかったが、もう会えないということは子どもながらにわかっていた。数年経って弟と家の中を探検している時、祖母が編んでいた編み物を見つけた。網掛けで誰のために何を編もうとしていたのかはわからなかったが、亡くなった祖母の想いを想像しながら、私はその続きを編んだ。この経験が卒業設計を考えるきっかけとなった。

モノには記憶が宿る。町のいたるところでモノを用いて操作を行い、それを町の人が見ることで、記憶の中にさりげなく刻み込まれる。そして、その記憶の集合体が町やモノを意識させ、考えさせるという行為につながる。

藤村 圭央莉
Kaori Fujimura

ものつくり大学
技能工芸学部
建設学科
岡田公彦研究室

進路 ▶ 設計事務所

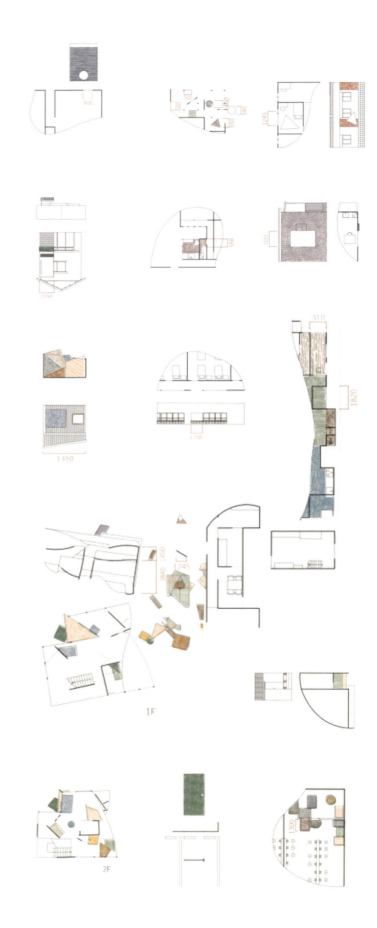

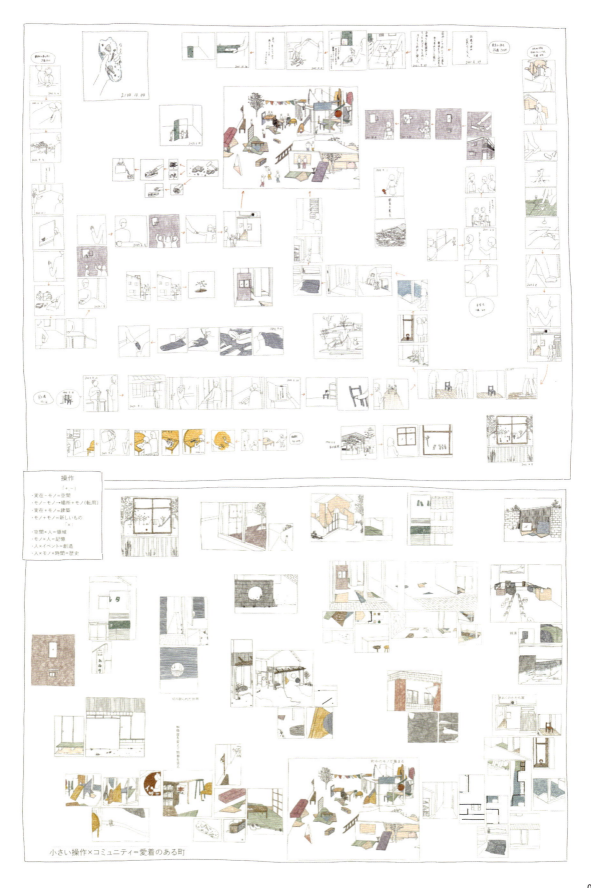

008

■ JIA埼玉優秀賞

トロッコが走る
幸手の横丁鉄道

Program	商店街
Site	埼玉県幸手市
Making	6カ月
Cost	30,000円

幸手市の旧日光街道沿いの商店街には「トロッコ」が走る町家が見られる。敷地は細長い短冊型の地割りのため蔵から表の店まで運搬作業の負担が大きかった。そこで運搬作業に「トロッコ」が使われ始め、横丁鉄道として親しまれた。この横丁鉄道に着目し、テナントの機能をトロッコに乗せることでユニット化し、トロッコによりテナントが入れ替わる空間を構想した。例えば、だいどこロッコとテーブルトロッコを運べばカフェに、本棚トロッコを運べば本屋に入れ替わる。イベントなどの屋台から短期でのお試し出店、住居つきのテナントでは長期の営業と多様なニーズに対応できるようにした。流動的で新しい横丁鉄道が活性化につながるように計画した。

高橋 陸
Riku Takahashi

日本工業大学
建築学部
建築学科
竹内宏俊研究室

進路 ▶ 就職

・トロッコのバリエーション

basic torocco 900×1450

だいどこロッコ / 本棚トロッコ

テーブルトロッコ / シャンプー台トロッコ

ランドリートロッコ / シアタートロッコ

・トロッコによるテナントの変化

だいどこロッコ×テーブルトロッコ＝カフェ / ランドリートロッコ→コインランドリー

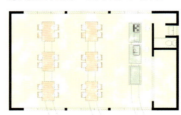 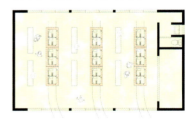

本棚トロッコ→本屋 / カット台トロッコ×シャンプー台トロッコ→美容院

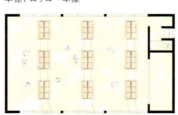 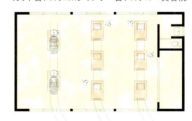

1階 平面図

018

■ 埼玉県住宅供給公社賞

「ケア」担う浮屋根

既存団地改築による
介護家族の新しい暮らし

Program	複合介護施設
Site	埼玉県草加市
Making	5ヵ月
Cost	90,000円

要介護高齢者の世帯構造の変化によって、家族介護のかたちが変化してきている。介護にはさまざまな不安やストレスを抱えている介護者が多い。そこで、「介護家族のケア」に焦点を置き、地域サービスが多く充実している松原団地の一角で、既存団地低層部の改築とサービスの介入によって、介護の負担や不安を軽減させる建築を提案する。また、これまで地域とのつながりが希薄であった福祉施設をまちに開くことで、高齢者や地域住民の新たな交流拠点としての機能も果たすようになる。

早川 航平
Kohei Hayakawa

日本大学
生産工学部
建築工学科
岩田伸一郎研究室

進路 ▶ 日本大学大学院

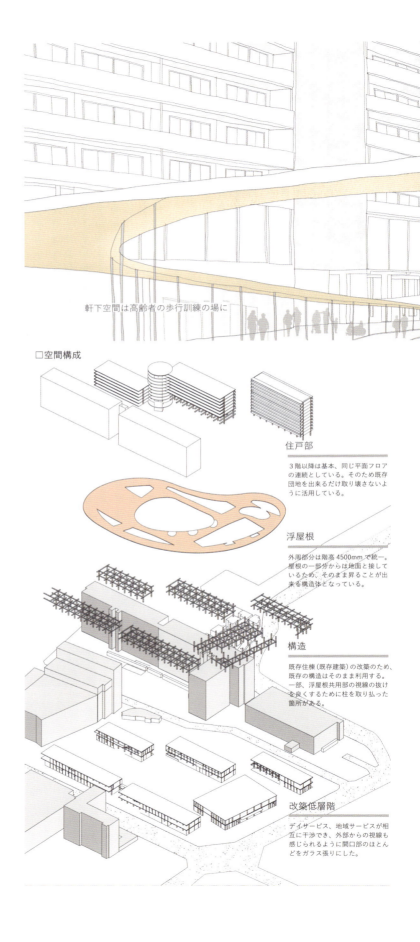

軒下空間は高齢者の歩行訓練の場に

□空間構成

住戸部
3階以降は基本、同じ平面フロアの連続としている。そのため既存団地を出来るだけ取り壊さないように活用している。

浮屋根
外周部分は階高4500mmで統一。屋根の一部分からは地面と接しているため、そのまま昇ることが出来る構造体となっている。

構造
既存住棟（既存建築）の改築のため、既存の構造はそのまま利用する。一部、浮屋根共用部の視線の抜けを良くするために柱を取り払った箇所がある。

改築低層階
デイサービス、地域サービスが相互に干渉でき、外部からの視線も感じられるように開口部のほとんどをガラス張りにした。

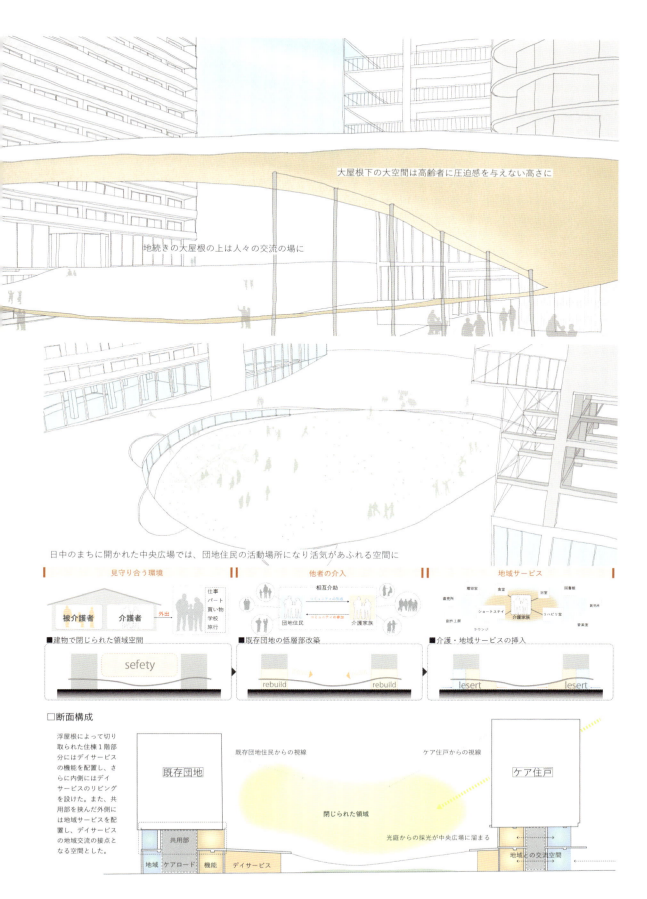

021

■ さいたま住宅検査センター賞

シネマ
アップデート計画

変化する映像媒体と
映画館の在り方

Program	映画館
Site	埼玉県さいたま市大宮区
Making	6カ月
Cost	10,000円

ミニシアターをはじめ、かつての映画館は街にとって交流の場所になっていた。しかし、DVDやサブスクリプションなどの映像媒体の変化により、気軽に映像を手に入れることができるようになった現代において、映画館という建物の在り方も変化していくのではないか。「SAITAMAなんとか映画祭」を中心に映画で街を盛り上げようとする取り組みが行われている大宮を舞台に、地域の賑わい拠点となるこれからの映画館の在り方を提案する。映画を見る人とそのほかの人との見る・見られるの関係性やシアタールームの開き方によって、映画館と都市を緩やかにつなげ、公共娯楽が持つ楽しさが外部ににじみ出てくるような建築空間を設計した。

吉里 聡真
Soma Yoshizato

芝浦工業大学
システム理工学部
環境システム学科
建築空間デザイン研究室

進路 ▶ 就職

【オープンシネマ①】前面道路に面したシアタールームは昼間には講演会等に活用できる。上階にあるギャラリーにいる人を映画のワンシーンのように窓で切り取る。

【ワークショップルーム】映画に関連したグラフィックやモノづくり体験ができるワークショップルームからは上階のオープンシアター②を床下から垣間見る。

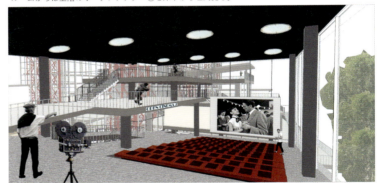

【オープンシアター②】シアタールームの横を通る通路はレベル差をつけ、映画を見る人と通り過ぎる人との視線が交錯する。通路は時には観客席にもなり、席数が増加する。

【オープンシアター①への通路】オープンシアター①のスラブは観客席に合わせて傾いている。傾いたスラブによって下の階にいるカフェやショップを利用する人々が空間的に混ざり合う。

【ガラスボックス棟内観】メガストラクチャーに吊るされた球体の閉じたシアタールームの下はステージになっており、映画祭の会場や地域のイベントとして利用することを想定している。東棟と西棟のスラブがガラスボックス棟に食い込み、施設の利用者は飛び出たスラブからステージや球体のシアタールームを見下ろすことができる。

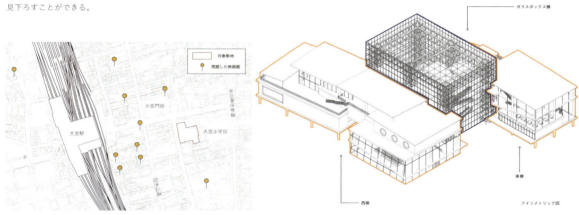

アイソメトリック図

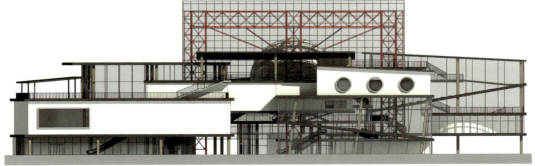

西側立面

さいたま住宅検査センター賞

出会い、深める
才能を発散できる場所

Program	福祉複合交流施設
Site	茨城県取手市
Making	9カ月
Cost	50,000円

この世界には、今の社会に適応できず、とどまってしまっている才能がたくさんある。そのような才能がその人らしく発揮され、多くの人の目に入り、社会に向けて意味を成す場所が必要ではないだろうか。そのような思いから、成長に凹凸のある発達障害をもつ人を中心に、彼らが自分に合うコトと出会える場所、それを通じて人との関係を深める場所を設計する。敷地は東京藝術大学があることからアートとのなじみが深い茨城県取手市。ここでの就労支援の中心となるアトリエ・展示空間は、大空間の中に個人・集団のボックスとして配置される。こうすることで、「人と人・モノ・コトとの出会い」と「自分らしく才能を発揮できる空間」を両立させた。

石橋 怜奈
Reina Ishibashi

東洋大学
ライフデザイン学部
人間環境デザイン学科
仲綾子研究室

進路 ▶ 就職

発達障害をもつ人々が自分の個性（= 才能）を発散＊させる場所を生み出し、そのようなコミュニティを増やす源となる。

＊発散：特定の場所でしか発揮できていない才能を爆発させてほしいという思いからこの言葉を選択しています。

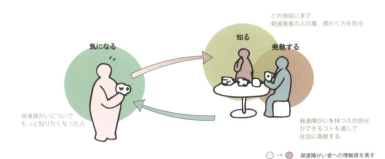

アクセスしやすい所には誰でも入りやすい「ふらっと」コミュニティを、少し奥まった所には仲の良い人たちが集まる「仲良し」コミュニティを配置。

広場が誰もが入りやすいカフェ、挑戦しやすい屋上菜園を介して畑とつながることで、人々との農や食とのつながりを深める。

それぞれの人の作品を見渡すことのできる大空間。自分に合う「人・モノ・コト」に出会うきっかけを生み出す。

「出合い」と「大きすぎないフィールド感」を両立させた空間

大空間の中に小さな作業 BOX 空間がちりばめられている。作業 BOX 空間は目線の高さに窓を設けず、強い刺激がなく、人の雰囲気のみを感じられる。

空間を小さな範囲で区切り、屋根に凹凸をつける。そうすることで、繋がりのある空間にいるのに境界を感じることができる。

009

■ 総合資格学院賞

Elementary Garden

教育指導要領の変遷における小学校の再考

Program	小学校
Site	埼玉県ふじみ野市
Making	3カ月
Cost	50,000円

従来の学校教育を再考した小学校が「Elementary Garden」である。小学校の諸機能を地域に譲渡し、敷地内に「学校の場」と「地域の場」をつくる。学校教育に「地域の場」が入ることで、小学生は地域との接点を感じながら、未来に向かい学校生活を送る。地域の人々は、小学校を「地域の庭」のように気軽に訪れるようになり、学校教育に対し当事者意識が芽生える。地域と場を共有することで、新たな「学び」の実現と学校と地域のつながりを築く。

樅山 大耀
Taiyo Momiyama

芝浦工業大学
システム理工学部
環境システム学科
建築設計情報研究室

進路 ▶ 芝浦工業大学大学院

Elementary Garden
―学習指導要領の変遷における小学校の再考―

01. はじめに

教育制度は変化している。戦後の小学校は一方的に教え込む「Teaching」に適していたが、1980年代に主体性が重視されるようになると「Learning」へ「学び」の捉え方が変化して、オープンスペースが普及した。そして近年の社会変化により「学び」を次の段階に推し進めた。本研究では今の時代に適した新たな学校の在り方を探る。

02. 社会背景

情報化により子どもが持つ知識は増えたが、断片的で受動的なものが多く、「学び」への意欲や関心の低下が懸念されている。社会変化に応じて、2020年に新学習指導要領の実施が始まった。社会に開かれた教育課程の中で「生きる力」を身に付けることが求められている。そのためには、学校は地域と双方向的関係を築くことが重要である。

しかし、現状は限られた学校の「お手伝い」の一方的な関係にとどまっている。また、地域の人々も子どもの教育に対し当事者意識が低く「地域の学校」という考え方は失われつつある。学校だけに教育の課題や責任が求められ、学校現場は疲弊している。

03. 問題提起

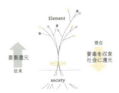

小学校は「学びの場」であり「生活の場」でもある。しかし、学歴社会への傾倒が、学校と地域の繋がりを薄め学校を疲弊させていると考えられる。新たな「学び」が求められる今、小学校を再考する必要がある。小学校は地域と双方向的な関係を築き、日常から新しい発見と気づきで溢れる「地域の庭」のような開かれた場であるべきである。

04. 対象敷地

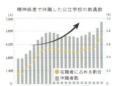

筆者の母校である、ふじみ野市立亀久保小学校(1977年開校)と併設する放課後児童クラブを対象敷地とする。ふじみ野市は現在も人口が増え続けるベッドタウンである。校舎は片廊下一文字型の一般的な形状である。小学校の6年間は社会性を身に付ける時に貴重な時期であり、小学校を対象に新たな学校の在り方を提案する。

05. 提案

従来の学校　　　　　　　　　　　　Elementary Garden

学校内で完結する従来の学校教育の概念を覆した小学校が「Elementary Garden」である。小学校の諸機能を地域に還元し、敷地内に「学校の場」と「地域の場」をつくる。授業で利用する部は、「学校の場」を飛び出し「地域の場」に出向く。学校教育に「地域の場」が入ることで、小学生は地域社会との接点を感じながら、未来に向かい学校生活を送ることができる。また、地域の人々は小学校を「地域の庭」のように気軽に訪れることになり、子どもの教育に対し当事者意識が芽生える。地域と場を共有することで、「Elementary Garden」が、これからの学校教育を実現する新たな学校の在り方だと考えた。

06. 全体構想

朝の時間は通勤、通学で多くの人々が学区が広がる北西の住宅地から敷地の周囲を通り南東の駅へ向かう流れがある。グラウンドを誰もが気軽に利用できる場所と位置づけ、グラウンドを中心に建物の配置計画を行った。地域の人々は歩道とシームレスにつながるグラウンドに誘われ、グラウンドを通るたびに新たな気づきを見つける。

07. プログラム

現校舎から新校舎への移行は複数の段階に分けて行う。工事期間を関係構築の期間とし、地元の人々が関われる場を移行段階から作る。これにより、新しい亀久保小学校は地域と共に成長していこうとしている姿勢を地域に示す。運営には、今までは学校にボランティアとして手伝ってくれていた既存のコミュニティの力を借り、地元企業が出資することで運営を行う。段階的に学校に関わる人が増え、手伝いの関係から一歩先の協働の関係へステップアップすることを目指す。「Elementary Garden」では、常に児童の居場所、地域住民の居場所が共生できるようにした、朝、昼、放課後と各ユーザーの活動が流動的になるようにプログラムすることで、放課後や長期休暇期間でも常に使われる学校となる。

037

029

■ 総合資格学院賞

感性的美しさを魅せる

旧表参道駅における地下ワイナリーの提案

Program	ワイナリー
Site	東京都港区
Making	6カ月
Cost	70,000円

近代建築の感性的美しさを掘り起こし現代に魅せる方法を探るための、旧表参道駅を対象とした提案である。地下の薄暗さや静けさ、廃墟的美しさを活かし、合理性と感性を融合させる空間を計画する。新たな機能として地下にワイナリーを設ける。電車の車窓が一種のスクリーンとなり、景色を切り取るフレームの役割も果たしている。このフレームという概念を拡張し、楕円形の動線で製造過程を見学し、空間内にフレームを散りばめることで見る・見られる関係をつくりだす。地上部にはワイナリーの製造空間を配置し、広告塔とする。地下の製造空間の劇場性と地上の賑わいを融合させることで、新たな都市の魅力を創出することを目指す。

久保田 知里
Chisato Kubota

芝浦工業大学
システム理工学部
環境システム学科
建築空間デザイン研究室

進路 ▶ 芝浦工業大学大学院

旧表参道駅

現存の表参道駅ホーム、旧表参道駅ホームともに地下1階に位置する。これらは隣り合って位置しており、旧表参道駅ホーム区間は、電車の減速区間もしくは加速区間である。2つの島式ホームの間に銀座線が通り、外側に半蔵門線が通る。現役の改札は地下2階にあり、旧表参道駅ホームの近い場所で改札階から地上出口へ長い階段が続いている。

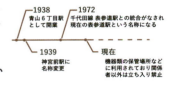

- 1938 青山6丁目駅として開業
- 1939 神宮前駅に名称変更
- 1972 千代田線 表参道駅との統合がなされ現在の表参道駅という名称になる
- 現在 機器類の保管場所などに利用されており関係者以外は立ち入り禁止

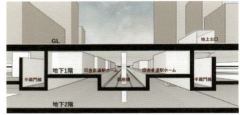

劇場性を活かす 機能選定

現役路線が隣接する地下廃駅であるため電車の車窓がスクリーンとなり劇場性を生み出す ▶ 地上では見られない製造過程を魅せるワイナリーを配置

楕円の動線を差し込む 形態操作

[既存] 地下の薄暗さから奥が見えない直線状のホーム ＋ [新設] 楕円形の来訪者動線

空間を切り取るフレーム

電車の車窓が一種のスクリーンとなり景色を切り取るフレームの役割 ▶ フレームという概念を拡張

製造動線

 車窓からの景色
車窓はスクリーンとなりワイン製造の表舞台が見える

地上からの来訪者の動線
ワインの製造の過程とともに車窓からは見えなかった舞台裏が見える

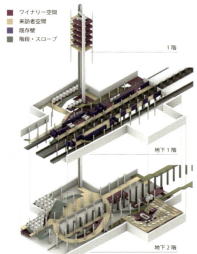

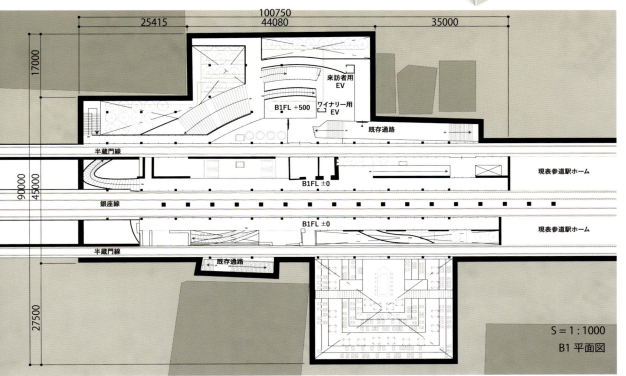

S = 1:1000
B1 平面図

010

■ 日建学院賞

真仮想空間
さいたま市庁舎跡地
活用計画

Program	複合交流施設
Site	埼玉県さいたま市浦和区
Making	8カ月
Cost	30,000円

近年、インターネットの普及に伴って、オンライン上でのコミュニケーションや、仮想空間に入り込んだような没入感を味わえる体験が可能になった。その結果、世界中の人との偶発的な出会いやコミュニケーション、非現実的な世界でアクティビティを楽しむ人々が多く存在する。しかし益々普及すると考えられている仮想空間は、視覚と聴覚に偏っており現実の行動が伴わないため、人々は大きな魅力を感じなくなり今後発展されないと考える。そこで、新たに定義する仮想空間を現実世界の生活に還元するため、仮想と現実の境界を曖昧にしながら、今までにない体験ができる空間をつくり、真の仮想空間の可能性を提案する。

松岡 実優
Miyu Matsuoka

実践女子大学
生活科学部
生活環境学科
建築デザイン研究室

進路 ▶ 就職

現在インターネット上では、私達消費者が見ているコンテンツから興味、関心、意図といった文脈を導き出し、検索画面やSNS等ではそれぞれに合った広告が表示されるといったマッチングの仕組みが普及している。つまり、インターネット上は、サイト訪問歴、購入履歴、検索履歴等からビックデータとして蓄えられた多くの情報によって、日々各々の興味関心に沿った世界に変化している。そんなインターネット上で行われているマッチング機能を空間化し、私達の生活に取り入れることで、現実世界でインターネット上の世界に入り込んだような体験ができる空間を生み出せると考えた。

さいたま市役所の移転後、新たな活用が検討されている跡地を敷地対象とすることで、我々の生活に影響を及ぼすような本当の仮想空間を、さいたま市の新たな拠点として提案する。

親和性が高い場合

マッチングしたキーワードが大きく映し出される。キーワードを認識し回り込むと、目線の高さに合わせて空間の詳しい文章が示され、まるで室内の活動に吸い込まれるようにして流れ出す。興味を持ち近づいた時、細かい情報を得ると共に、透明度が高くなったことで活動に参加しやすくなる。

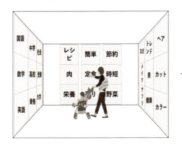 

親和性が低い場合

マッチングしたキーワードが小さく映し出される。キーワードを認識し回り込むと、興味を掻き立てるような過去の写真や、定点カメラ映像等の　カラフルなビジュアルが移り、ある人には模様と化して、ある人には室内の活動に誘うような世界観へと変化する。

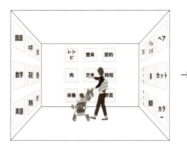 

マッチングしていない場合

キーワードが自信に影響を与えない小さなサイズで映し出される。キーワードを認識し回り込むと、仮想空間から一時的に解き放たれ、室内の人とより現実世界に近い世界観でつながることができる空間に変化する。

 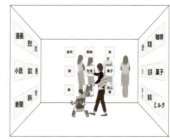

Leading pillar：室内で行われる活動と断面的なつながりが表現される吹き抜け空間

ガラスに囲まれた吹き抜け空間は、普段から上下階の様子が垣間見え、断面的なつながりを表現する。マッチングすると、一瞬にしてキーワードや写真、映像が上から下へ、下から上へと流れ出し、多くの情報が行き交うことで、上下移動を誘う。まるで、インターネットの中に入り込んだように動き続け、刻々と変化する華やかな空間となる。また、平面的に領域を分け、動線をコントロールする役目も果たす。

現実圏外空間

仮想空間から離れた活動や、水回り、倉庫、ロッカールーム、機械室としての機能を持つ空間を、仮想空間とは対照的な「現実圏外空間」とする。この空間が仮想空間の中に点在し、仮想と現実が入り混じることで、我々の社会に取り込み得る建築となる。

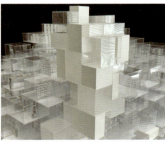

003

束ね、発つ

日本人と外国人の共通項の創出

Program	交流施設
Site	埼玉県川口市芝園町
Making	9カ月
Cost	50,000円

日本人と外国人の間にある軋轢を解決するべく、川口市の芝園団地を対象敷地として計画を行った。既存の団地が持つ資源を分析し、団地が持つポテンシャルやストックが活かされるような計画とした。中心のない団地に求心性をもった地域の拠点を計画し、建築やランドスケープが呼応し、人々の多様な活動が束ねられるように全体計画を行った。団地の北と南には地域との中間領域となる空間を設けた。人々の多様な活動が収束し、住民や団地に訪れた人は共通項を見出す。それらが地域へと発散していくことで、団地と地域がつながるきっかけを与える。団地内だけでとどまらない創発の場となり、団地が地域の資源となっていく。

渡邉 康太
Kota Watanabe

芝浦工業大学
システム理工学部
環境システム学科
建築設計情報研究室

進路 ▶ 芝浦工業大学大学院

1. 団地の特徴

既存の団地が持つ形状から
①人の流れを顕在化する
②地域住民を引き込む
③アクティビティを生む
これら3つの特徴を持つと考えた。

2. 変更箇所

・廃校、商店街、公民館の解体
・住居の低層部の利用
地域に対して閉じていることや住民の居場所が分かれている原因である場を再編し、既存の団地の資源や特徴を活かすことができる計画とした。

3. 提案

中心性をもった建築を設け、団地と地域の活動を束ねる。活用されていない団地の北と南の空間を地域との中間領域として活用することで人々を引き込みまた、活動が発散していく場として、人々が繋がるきっかけを与える。全体として建築やランドスケープが団地の持つ特徴を今まで以上に活かせる計画とした。

4. マスタープラン

提案により、団地内外に新しい軸を形成する。団地内の交流を生むと共に地域とつながるきっかけを持つことで、団地内でとどまらない創発の場となる。団地住民同士や団地と地域が関係し合う計画とすることで「住み分け」のない団地とした。

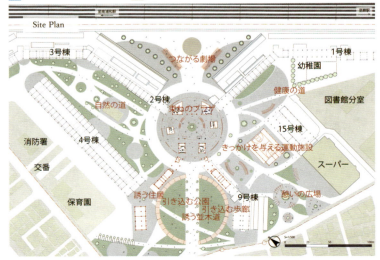

ファサードが人々を引き込む。

様々な人が行き交い建築内外の活動が見え、人々が行き交う。

食を介し共に働き、共に過ごすことで人々がつながる。

ワークやリノベーションなど共通の体験を通して人々がつながる。

045

004

Share courT

Program	商業研修施設
Site	埼玉県さいたま市浦和区
Making	5カ月
Cost	20,000円

近年の日本の長寿命化に伴い、いくつになっても活躍したいという元気な高齢者は増えている。それに伴い大人の学び直しの場も広がってきているが、それをつなぐ機会や情報は不足しているのではないだろうか。そこで今回、「実践的な学び」を通して学びを体得し、「食」を通してシニア世代の活動支援を後押しする研修施設を提案する。敷地は移転が決まっているさいたま市役所が位置する、さいたま市浦和区。文教都市としても知られ、飲食をはじめ商業が活発な場所である。本計画を通してシニア世代の社会活動参加への前向きなきっかけづくりにつなげ、「食」を通じた交流や学びの提供を目指す。

横尾 真世
Mayo Yokoo

東洋大学
ライフデザイン学部
人間環境デザイン学科
名取発研究室

進路 ▶ ポラス株式会社

コンセプト：飲食店の開業独立していく様子をヤドカリの成長による住み替えと重ね、建物や各店舗を巻貝の渦巻きに見立てて設計を行なった。

メインエントランス：3棟を繋ぐ大広場。多くの目線や人の動きが入り交じる場所になり「食」や「学び」への興味・関心を誘発する場所。

<**学びの場**>
基礎的な学びのスペース
「リピート店舗」(A棟1階)
「講義室」(B棟1階)
「模擬講習室」(B棟2階)　など
→接客やコスト管理など運営上の基礎知識学習を支援

実践的な学びのスペース
「共同キッチン」(A棟2階)
「キッチン付き講義室」(A棟3階、B棟2, 4, 6階)
「キッチンカースペース」(C棟3階)　など
→営業形態の検討〜提供するメニューの開発などを支援

<**コミュニケーションの場**>

①経営者と経営者
情報交換や共同出店(マッチング)

②経営者と来訪者
お店を知るきっかけ
常連やファンの獲得

③来訪者と来訪者
食の楽しさ・大切さを再認識するきっかけ
社会活動を知るきっかけ

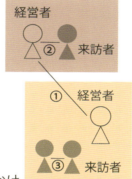

<**食の提供の場**>

「小さめ店舗」
小人数を相手に店舗運営ができる＝負担が少ない
→試験的な経験を積む場所

「大きめ店舗」
大人数を相手に店舗運営ができる＝効率・運用を思考
→複合的な経験を積む場所

「キッチンカースペース」(C棟3階、大階段下空間)
移動販売型の店舗の出店場所

「共同キッチン」(A棟2階)
独立した空間を持たない店舗の出店場所

047

005

ゆらぎ、自然と人とともに

広場が作る
自然と人の新たなあり方

Program	広場
Site	埼玉県さいたま市南区
Making	3カ月
Cost	50,000円

浦和周辺ではかつて「うなぎ文化」が栄えていたが、都市の発展とともにその文化は衰退しつつある。そこでかつてのうなぎ文化の再生のきっかけとなる養殖場と複合型の広場を設計した。敷地は、埼玉県南浦和駅から徒歩15分の上谷沼運動公園と調節池に挟まれた湿地のある広場である。広場という自然の空間には「ゆらぎ」が存在する。木漏れ日、水面反射などの自然現象や、省エネにつながる夜間の自然にやさしいゆらぎ照明は"誘目効果"と、見る人に活気やリラックスなどの心理効果ををもたらす。これらのゆらぎを意図的に広場に配置することで人を呼び込み、利用者が自然・文化とふれあえる新たな広場のあり方を提案する。

武井 彩菜
Ayana Takei

東京理科大学
創域理工学部
建築学科
吉澤望研究室

進路 ▶ 東京理科大学大学院

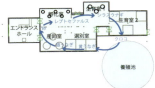

〈養殖場〉
養殖過程の順に施設を見学することが出来て、人々がうなぎを身近に感じることができる。

〈食堂〉
近隣のうなぎ屋さんと協力したうなぎ食堂とゴーストキッチンが併設している。
ゴーストキッチンでは釣り体験でで釣ったうなぎをその場で調理することができる。

〈テラス席〉
食堂で買ったものを池や広場全体を眺めながらテラス席で食べることができる。池のうなぎの釣り体験をすることができる

〈足湯〉
帰宅がてらや運動後に気軽に立ち寄ることができて、本を読んだり作業をしながら足湯でくつろぐことができる

〈多目的スペース〉
食堂で買ったものを池や広場全体を眺めながらテラス席で食べることができる。池のうなぎの釣り体験をすることができる

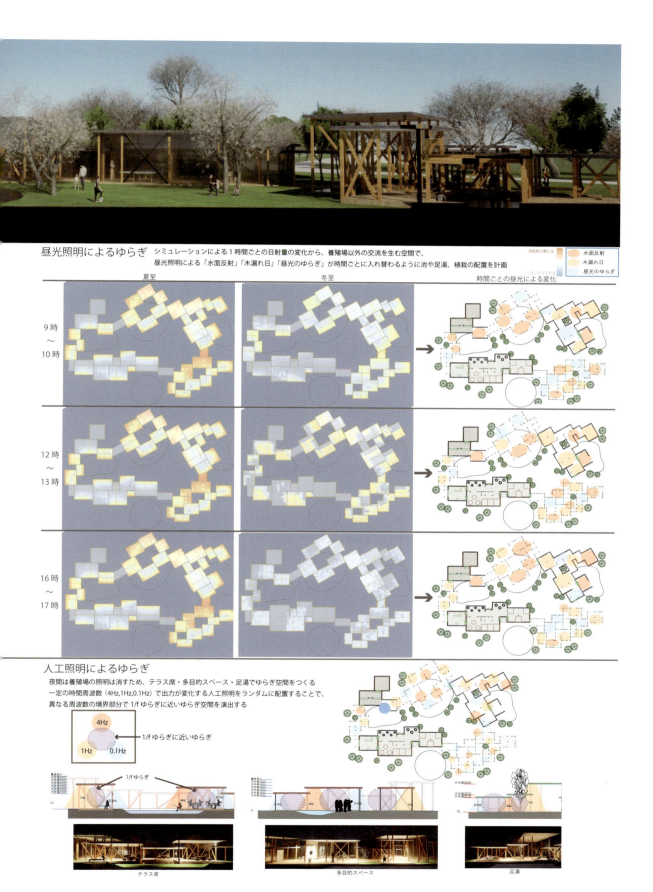

012

無意識内在生 からの脱却

300年後に残す地方都市

Program	複合施設
Site	埼玉県熊谷市
Making	6カ月
Cost	10,000円

日本の先進国脱落は既に始まっている。地方の村は過去のような生産機能を持たず、限定的な地方都市と東京が日本を支えている。しかし未来において人口が減少していく中で地方都市の生存競争が始まっている。そこで、地方都市、熊谷のアイデンティティを再構築することで生き残る術を考え、これからのプロセスを通して300年先に残る文化を現代から提案する。

井藤 飛鳥
Asuka Ito

ものつくり大学
技能工芸学部
建設学科
今井弘研究室

進路 ▶ ものつくり大学大学院

Valleyは地面を9m掘削して出来た放水路であり、**防災としての機能**を持つ。ここに立ち入ることは出来ず開口部から見下ろすことしか出来ない。また、谷のように凹凸があり、壁面を緑化することで**自然の大きさと人の儚さ**を表すとともに地方都市としての**アイデンティティ**をこのValleyに持たせる。

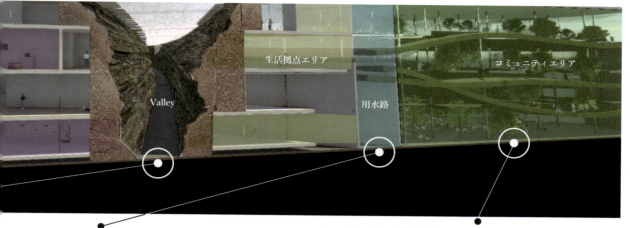

氾濫した時に切れ所沼ができ、そこに魚を捕まえに子供が集まる。川の水を地下水路によって建物へ引っ張ることでそこに緩まれる。この用水路は親水空間となり川魚を捕まえに子供となる。

コミュニティエリアは緑化をすることにより人が本能的に自然に触れたいという欲求を実現させる。また、スラブに起伏を付けることで人間の動物的な感覚を取り戻させるとともに動きのある景色が広がり、クリエイティブな遊びを自ら考えるきっかけを作る。更に緑化されたこのエリアでは湿った暖かい空気を浄化し、冷涼な空気を街へと還元する。

ドライエリアを北側に広く設けることで安定した光を住戸内に取り入れると同時に人の溜り場となり、気軽に動植物と関われる場所となる。

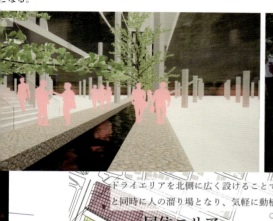

居住エリア
生活拠点エリア
アートエリア
オフィスエリア
学校エリア
文化エリア
エネルギーエリア

様々な地域の芸術家が美術品を作りに、見にくることで文化が更新され続けるとともに発信していく。

近年注目されている藻からエネルギーを生産するこの場所は藻を下から覗ける空間で、小中学生の学びにもなる。

バイオマスエネルギー場の見学

015

人間の主体性と住まいの関係の再構築

自宅・祖父母宅の観察から考える庭・住まいのあり方

Program	二世帯住宅
Site	越谷市川柳町2-272-6
Making	4カ月
Cost	70,000円

住宅の商品化や郊外住宅の閉鎖性によって、住まい手は住まいに対して受動的にならざるを得ず、生活していく中での主体性が失われてしまっている。人間が主体的に住まいに関わっていけるような計画を行ったとしても、それは想定に過ぎず、実際に生活が始まると設計者の計画とはずれが生じてしまう。そこで、敷地である自宅・祖父母宅の観察をし、積極的に住まいに介入している部分を抽出する。すでに使いこなされている部分からヒントを得たり、外部との関係に目を向けることで、その場所をさらに使いこなせるよう介入の余地を残しながら再構築する。

深井 瑞紀
Mizuki Fukai

東洋大学
理工学部
建築学科
建築設計研究室

進路 ▶ 東洋大学大学院

01_ 研究背景 - 住まい手を支配する住宅 -

case1. 商品化される住宅
今日、住宅の建設・居住・管理といった一連のハウジングプロセスを、生産と消費の2つの領域に分解することで、住宅は消費する「商品」となり、住まいては自らの住まいに対して受動的になっている。

case2. 規格化されたモノ・空間
戦後の大量生産と大量消費によるプロセスの中で、伝統的な共同体は解体し、社会はバラバラな個人の集合によって形成されるようになる。このような状況下で大衆は均質な消費者となり、住宅もその流れに取り込まれて行った。それにより、住宅を構成するサッシやドア、空間は機能によって規格化されてしまっている。

case3. 郊外住宅の閉鎖性
都心から外れた郊外には、利便性や経済合理性を重視した住宅が建ち並んでいる。それらはどれも同じようなパターンで成り立ち、建物と外部との関係が希薄である。その結果、生活は建物の内に向き、閉鎖的な環境となる。

02_ 計画敷地 - 埼玉県 越谷市 -

区域区分：市街化調整区域
建蔽率：60%　容積率：200%　敷地面積：1777㎡
角地にあり、畑側の道路を含めると3面の道路に接している。祖父母の持っていた土地の一部をもらって自宅を建てた。成は祖父母、父、母、自分、弟の6人である。

03_ 調査 - 主体的介入の片鱗を探る -

自宅・祖父母宅調査
人間が主体的に住まいと関わるような計画を行なったとしても、それは想定に過ぎず、実際に生活が始設計者の計画とはズレが生じてしまう。そこで、本敷地である自宅と祖父母宅の観察し、積極的に住まい入している部分を抽出する。これらから再構築のヒントを得て根拠にし、設計を行う。単なる現状批判ではなく、現状からの発見から場や周辺の性質を読み取り、この敷地をさらに使い倒していくことが可能に

既存配置図

1. 地面の素材によって使われ方が異なる
2. 軒下空間は外部を巻き込み様々な使われ方をする
3. 建物間の寸法や面積で使われ方が異なる
4. 周辺との関係の調整

04_ 提案　- 住まい手が主体的に介入できる住宅 -

庭と建物の関係の再編

1. 外部との距離感の調整

2. 土間から庭を取り入れる

庭・土間だけではなく、2棟間でも関係を持つ

3. 内部の床が外部にせり出す

4. 床のレベルを外部に近づける

5. 庭を引き込む軒下空間

6. 回遊動線は庭を巻き込んで流動性を高める

建物の使われ方から見る形態操作

1. 構造材の表しは生活の補助をする

2. 動線から外れた角をよりどころに居場所をつくる

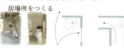

3. ゆとりのある玄関ホールは役割が定まらず介入しやすい

4. 水平面の変化部分に住まい手が介入する

5. 窓枠は開口部に副次的用途を与える

6. 行き止まりのある廊下に介入する

7. 階段の家具化

8. 物が領域を曖昧に分断する

05_ 設計　- 建物・庭・そして街へ -

庭・街を引き込む架構

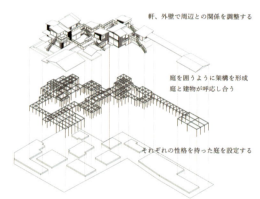

軒、外壁で周辺との関係を調整する

庭を囲うように架構を形成　庭と建物が呼応し合う

それぞれの性格を持った庭を設定する

全体計画

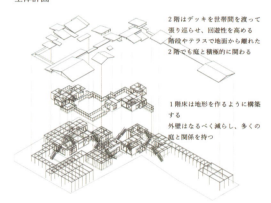

2階はデッキを世帯間を渡って張り巡らせ、回遊性を高める
階段やテラスで地面から離れた2階でも庭と積極的に関わる

1階床は地形を作るように構築する
外壁はなるべく減らし、多くの庭と関係を持つ

材料・架構による即物的な空間

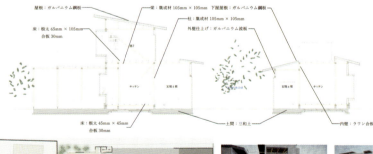

断面詳細図 1/50

016

大きな屋根の下
新たな地域拠点を目指して

Program	高齢者施設兼交流施設
Site	埼玉県草加市八幡町
Making	3カ月
Cost	120,000円

「介護」は誰もが避けては通れない。だが介護の現場は逼迫し、ケアの場所を施設から自宅へと変えることが重要とされている今現代、介護の場所として必要な形はなんだろうか。また、介護をする・される、施設に入居する・入居させることへの抵抗感はどうしたら軽減できるのか。本設計ではこの2つの問題に対し、介護の中でも「介護予防」を通して、予防となりうる機能を取り入れ町に開くことで、地域拠点にもなりうる介護予防施設の提案である。

中山 優
Yu Nakayama

東京電機大学
未来科学部
建築学科
建築設計研究室

進路 ▶ 東京電機大学大学院

01 背景

①団塊世代が75歳以上になる2025年をめどに、「住まい、医療、介護、介護予防、生活支援」が一体的に提供される地域包括ケアシステムの構築が重要である。

②現代において介護職員は人手不足であり、既存の介護保険サービスだけでは介護認定者を支えられない現実がある。そのため、早急にケアの場を施設から自宅に移すことが重要な課題である。

③核家族が主流になり、単身高齢者が増加していることも大きな問題であり、自分の安否確認をしてくれる第2の居場所が大切である。

以上のことから、家で介護を受けながら、介護を要する状態になる前に実施される「介護予防」を充実させることが大切であるといえる。

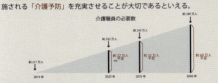

02 問題

草加市は、高齢者の人口はそこまで多くはないが、これから「介護」を受けるであろう世代が多い。また、草加市は小学校における学童保育の定員漏れが存在する。

03 介護の現状

「介護」に対し日本では「自宅で介護を受けたい」と思う人が多く存在 (44.7%) する。その反面、介護施設や有料老人ホームなどを含め、施設への入所を望む人も多く存在する (33.3%)。また、現代において介護をする人、される人との需要と供給の差があるのも事実である。そして、親やパートナーを介護施設に入れる事に対しての心の引っ掛かりなどの、メンタル面への問題もある。

04 介護に対する状況と提案

介護予防を軸に、近くの小学校であふれている学童保育の待機児童を引き込む。引き込むことで、脳や身体への刺激を誘発し介護予防を促す。また、「親やパートナーを施設へ入れること・自分が介護されることへの心の引っ掛かりを軽減するためには」を自分なりに考え、「小さいころから知っている・ここで遊んだことがある」など身近な存在が施設だったら心の引っ掛かりを軽減できているのではないかと考える。

本計画においての「知っている場所」は公園やクリニック、図書館などの公共空間や、地域に溶け込みやすいクリーニング屋や銭湯などの民間のものである。これらの場所を複合していき提案する。

05 運営

05-1 ここに来る人

メインで来るのは、「リタイア後の元気な高齢者」や「ちょっと介護が必要になりそうな高齢者」などの高齢者と小学生。元気な高齢者には、介護職不足のためのスタッフとしてや、核施設のスタッフ、学童の先生などとして働いてもらいながら過ごしてもらう。そして、小学生にとってこの場所はサードプレイスとして、またスーパーに来た人や、高校生の自習の場としてほかの人も来られるようにする。

05-2 一日の人の流れ

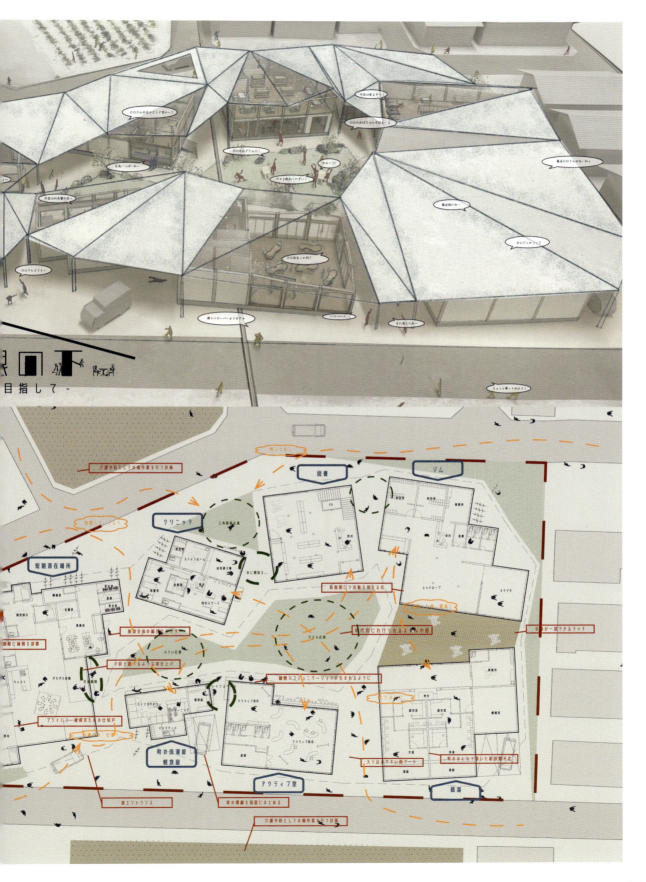

017

まちに出る
― 地域住民の交流拠点 ―

Program	複合交流施設
Site	埼玉県さいたま市緑区
Making	2カ月
Cost	50,000円

地域性や時代を無視し効率化を重視した結果、均質的な空間が増加した都市開発や、住宅内で行う活動が豊かになったことで、人々が住宅で過ごす時間の増加した影響から、人々と地域とのつながりが希薄化し、他の地域住民と接点を持たない人が増加しており、人々の孤立化が進行している。本設計では、屋外固有の空間を設けた地域住民の交流拠点を提案する。地域住民の間に再び交流を生むことを目的とし、住居内での活動が豊かになっても得ることのできない屋外活動を求め、人々がまちに出るように促す。

綱島 雄真
Yuma Tsunashima

広島大学
工学部
第四類
都市・建築計画学研究室

進路 ▶ 広島大学大学院

様々な地域住民が運動を行うことで、活気あふれる屋外空間となる

共有している畑で一緒に作業を行う地域住民

自然豊かな土地を思わせる、木々に囲まれた遊歩道

食事や休憩、趣味活動など様々な目的をもって住民たちは建物に集う

concept
屋外活動で交わる地域住民

地域社会の希薄化という問題を抱えながらも、均質的な開発を続ける都市近郊において新たな開発として、屋外固有の活動を行う空間を提案する。人々は屋外固有の活動をするために外出する。まちに出てきた人々は屋外空間にて、地域住民と出会う。

proposal
まちに出て運動する

運動をしたいとき、住宅という限られた空間では行える活動が制限される。まちに広大な屋外スペースを配置することにより、住宅で行うことのできなかった広大な空間を使った運動を行うことを目的として、地域住民は家の外に出る。

まちに出て農作業する

畑には農作業を目的とする多くの地域住民が集まり、ともに活動をする。もともとノウハウがあった住民や畑の使用歴が長い住民が知識のない新住民たちに農作業を教えることで住民間に交流が生まれる。

まちに出て人と交流する

建物内は交流を目的としたスペースや食事を提供する施設を設ける。運動・農作業それぞれの目的のためにまちに出た人々が、食事や休憩で施設を利用するときに、他の目的でまちに出てきた人々との交流が始まる。

020

公共施設の更新から考える学校の統廃合・複合化

Program 小中一貫校の複合施設
Site 埼玉県入間市西三ツ木
Making 4カ月
Cost 70,000円

産業は一定の労働人口がいることを前提にしている。若年齢層の人口が仕事を求めて地方から都市部への流出すると地方部の人口が減り、人口が減少すると産業は倒産・廃業が進むという悪循環が生まれる。この悪循環を私は、「地方の衰退」と考え、打開するために人口の流出を抑制する公共建築を設計する。埼玉県入間市を敷地として、少子高齢化の進展などに的確に対応し、都市部への人口の過度の集中を是正する。それぞれの地域で持続可能な住み良い環境を確保して、将来にわたって活力ある日本社会を維持していく建築の在り方とは何かを明らかにする。

保坂 勇飛
Yuhi Hosaka

東洋大学
理工学部
建築学科
建築設計研究室

進路 ▶ 東洋大学大学院

02. 提案

目指す学校

- 公民館の複合化により、地域の人々と生徒が関わりを持つ学校にする。
- イニシャルコスト・ランニングコストをできるだけ安価にする。
- 施設更新費・効率的な施設保全のため、更新しやすい設計にする。

私は学校の統廃合・複合化を行い、公民館と複合化した新築の小中一貫校提案する。この3つの考えをバランスよく取り入れ、地域と生徒が一緒に成長していくような拠点となる場所を設計する。地域の人々自身で入間市を持続可能な社会とすることで、人口流出の抑制につながると考える。

03. 敷地選定

地域：埼玉県入間市東金子地区
敷地：現東金子中学校（27,871㎡）
　　　現東金子地区体育館（2,375㎡）
敷地面積：30,246㎡
計画規模
・小学校：12 学級（生徒数＝480 人）
・中学校：9 学級（生徒数＝360 人）
・特別学級：2 学級

施設概要（2021 年）

名前	建築年数	改修年	学級数	生徒数
東金子小学校	1968 年	H24	14 クラス	298 人
新久小学校	1980 年	H24	11 クラス	247 人
東金子中学校	1982 年	なし	11 クラス（通常 9、特別支援 2）	288 人

名前	建築年数	改修年	稼働率	利用者数
東金子公民館	1984 年	なし	31%	44,250 人
東金子地区体育館	1987 年	なし	48%	29,910 人

私は東金子地区を選定し、東金子中学校を敷地として、「東金子中学校」「東金子小学校」「新久小学校」「東金子公民館」「東金子地区体育館」の統廃合・複合化を行う。入間市の中心に位置していて、施設間の距離や敷地の面積、公共施設の更新費用、学校の生徒数、公民館の稼働率から選定した。

地形的には、南部が平坦地、北部が丘陵となっている。東金子地区には鉄道駅がなく、地区の中央部と地区の南部には路線バスが運行されいてる。

04. ダイアグラム

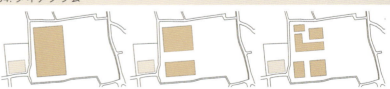

北からの生徒と地域の人々の動線を考えて配置する　　中央に道を通す　　分棟にして動線と居場所の分散する

地域・小学校・中学校の3つのゾーンに分ける　　敷地のレベル差を考慮して2階に道を通し3つのゾーンに分ける　　分棟にして3つのゾーンを分散する

1階平面図兼配置図

2階平面図

地域の人々が集まる場所を1階に設ける。2階部分の生徒の動線と地域の人々の動線を
分けて安全性を確保する。
地域の人々は1階で集まるが、2階を通る生徒たちと視線や声でつながる。

3階平面図

地域動線の中にある中庭。
中庭とグラウンドを結ぶ動線には、生徒の動線が垂直に交わる。
地域の人々の憩いの空間になり、生徒とは視線でつながる。

クラスルーム内部は壁を設けず解放的な空間にする。
生徒は仕切りのない空間で、他学年とつながる。
クラスルーム内部の繋がりが、外部の地域の人々と視線でつながる。

059

024

移ろい継ぐ杉戸宿
古民家改修とみなみがわ散策道の再生

Program	古民家改修
Site	埼玉県杉戸町
Making	1年
Cost	30,000円

日光街道の宿場町である杉戸宿は、現在古民家が減少し、かつての賑わいが見られない。そこで、旧渡辺金物店を含めた増加しつつある活動拠点をみなみがわ散策道でつなぐことで、人々がより楽しく杉戸町を散策できるよう設計する。旧渡辺金物店は改修し、利用者・宿泊者・住人が緩やかに交わることができるカフェと宿泊所を計画した。みなみがわ散策道に隣接する敷地には、銭湯とランドリーカフェを計画し、地域住民も宿泊者も気軽に訪れることのできる交流の場とした。現在は点在している魅力が面で継ぎ合わされ、杉戸宿に人が巡り、新しい挑戦が生まれ、未来へと受け継がれていくことを期待する。

齋藤 実希
Miki Saito

日本工業大学
建築学部
建築学科
樋口佳樹研究室

進路 ▶ ハウスメーカー就職

みなみがわ散策道の設計案

銭湯とランドリーカフェを設計し、地域住民も宿泊者も気軽に訪れることのできる交流の場とした。敷地内に旧日光街道とみなみがわ散策道を結ぶ路地をつくり、両側の道路を結ぶことで周辺地域に回遊性を創出させた。屋根を一部ガラスにしたり高くしたりするなど変化を持たせることで、路地の雰囲気を保ちつつ光を楽しみながら散策できる空間にした。

湯上り横丁

みなみがわ散策道と日光街道を繋ぎ、地域住民と宿泊者を双方から呼び込む。休日になると屋台が並び、人々で賑わう。誰でも気軽に出店し、地域住民と訪れた人がコミュニケーションを交え楽しむ。湯上り横丁だけでなく、杉戸宿全体に屋台が広がり、活気にあふれる。

026

嫌われメカニカル
~戒めの資源化~

Program	都市の文化施設
Site	埼玉県さいたま市中央区 さいたま新都心駅
Making	6カ月
Cost	80,000円

工場は意匠性を考慮せず、効率のみを追求した建築であるにも関わらず、近年多くの人たちがその空間に魅力を感じている。それは、工場や発電所がこれまでは「嫌悪施設」として生活圏の外に建設されてはいたが、実際は多くの人々を魅了する可能性を持っていることを示している。そこで、これまで嫌われていた施設が人々を魅了する要素になり得ると考え、その魅力を再発見し、それらの特徴を活かしながらメカニカルな部分を密集させ、新たな都市の資源として利用する。この建築の中には排泄やCO_2排出による地球温暖化、死など人々が目を背けているものが多く含まれており、それを可視化し体験させることで社会に強いメッセージを送る。

■地下化について
各機械の周りを GL から、−3000・−9000 と掘り、機械と地面や地面と地面をつなぐブリッジを設けることにより、そこを通る際、目下で伸びる機械や働く人を見ることで臨場感を感じることができる。
また、地下の埋め立てている部分には、事務空間や倉庫などのメカニカルではないが工場として必要な設備を入れ込むことにする。

■ 灼熱の街
火力発電所のボイラーは特に熱と音が激しく、それらを近くで体験する場である。この熱が地球に悪影響を及ぼしていることを感じつつ、灼熱や轟音の中で集まった人々が一定の滞在時間を楽しむ空間を構成する。また、この空間はたくさんの蛍光灯により日夜問わず、とても明るい空間になっており、いつでも楽しむことができる。

田中 葵生
Aoi Tanaka

実践女子大学
生活科学部
生活環境学科
建築デザイン研究室

進路 ▶ 就職

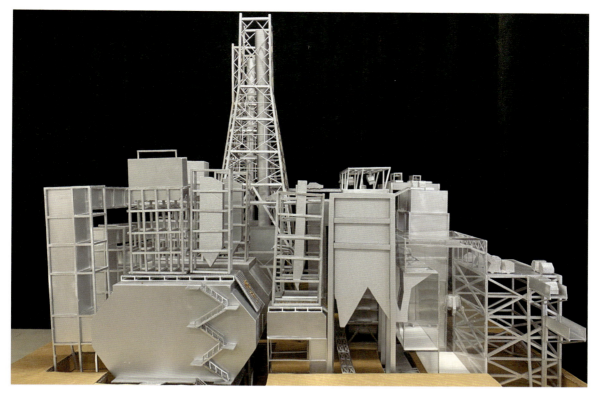

■設計手法
・上記で選定された施設のメカニカルな必要設備を際立たせ抽出する。
・他の部分を地下化するなどして魅力的でメカニカルな集合体としてプログラムを再構築する。
　強い魅力を発揮することで、元来、人の生活圏外にしか置けなかったメカニカルを都市の中に設置し、目を背けていたものを可視化して、体験させることで我々の生活の成り立ちについて熟考するきっかけをもたらす。

■ ゴミの滝

ゴミ収集車が集まりゴミを落とすプラットフォームとゴミを貯めるゴミピットからなる。ゴミピットを透過することで、大量のゴミの落下を視認し、ありふれた生活の中でどんなに多くのゴミを排出しているかを認識する。また、ゴミ収集車専用のEVがあり、たくさんの車の出入りが見えることで、多くのゴミが出ていることが分かる。

027

淀みと流れ
新さいたま地域拠点

Program	図書館 体育館 地域拠点
Site	埼玉県さいたま市浦和区
Making	3カ月
Cost	60,000円

地域において居場所は至る所に存在する。土地を保有している者が、テーブルやベンチ等を設けて居場所として提供している。それらの居場所は、用意された箱や空間に入るものであり、自主性の空間である。自主性の空間と対等な空間として存在するのは「たむろ場」である。たむろ場とはコンビニエンスストアや駐輪場のような高校生がたむろする場所のことを指す。これらの場所は、利用者が本来の使用用途とは異なる場所を居場所として利用する空間である。つまり、主体性の空間である。主体性の空間を増やすことで地域全体が活性化することを期待する。

亀谷 理久
Riku Kameya

武蔵野大学
工学部
建築デザイン学科
太田裕通研究室

進路 ▶ 武蔵野大学工学研究科
建築デザイン専攻

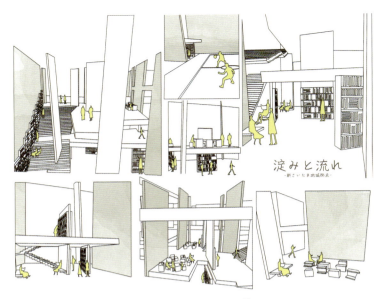

01 Background 研究背景と目的

■居場所はあるが、たむろ場はない

地域において居場所は至る所に存在する。
土地を保有している者が、居場所を意図的に提供しているに過ぎない。
「たむろ場」は利用者が主体性をもって利用する空間である。

高校生の「たむろ場」の観点から、高校生の為だけではない多様な学びの集積のある学校建築の未来像と地域の姿を提案する。

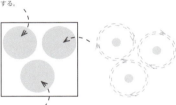

02 Site さいたま×建築

■「埼玉あるある」から読み解く

都心のベッドタウンとして存在する埼玉県は都心に出やすく不便はないが、魅力はない。「ださい」と「さいたま」をかけて「ださいたま」とも呼ばれてきた。

埼玉生まれの埼玉育ちのれっきとした埼玉県民の私だからできる設計をしたいと考えた。

そこで、通学・通勤時間や受験勉強等の高校生事情から「埼玉県らしさ」を捉え、北浦和駅周辺に敷地を選定した。

埼玉県が誇るランキング
・自転車保有数 （3位）
・塾や予備校にかかる費用
　（3位（2008年までは1位））
・小学生の宿題多い （1位）
・子育ての印象 （1位）
・貧乳率 （1位）
・北辰テスト（中学受験の際）
・偏差値高いのは南部
・浦和の駅 （8駅）

05 2方向のグリッド

南北グリッド （体育館等の施設の日差しを考慮する）

緑道グリッド （階段等の緑道との動線を考慮する）

南北グリッド　緑道グリッド

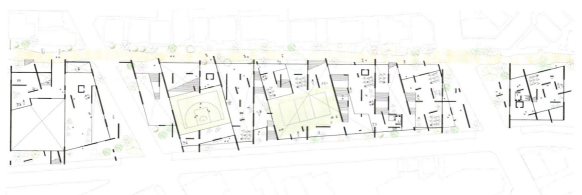

03 Program 地域を使いこなす

■図書館 / 体育館 / 地域拠点

現在の地域における学校建築は、土地を借りて箱の中で過ごすだけの空間になっている。そのため、地域と高校生は希薄な関係性である。
また、小、中学校は比較的住んでいる生活圏から近いが、高校生は広範囲から集まるため、地域を使いこなすことが難しいだろう。

その結果、万人受けする大型ショッピングモールやファストフード店の匿名性のある空間に頼ってしまう。
そこで、学校建築にある図書館と体育館の機能を地域に分散し新しい拠点となることを期待する。

04 Proposal 壁とボイド

BOXで空間を作り出す

壁をランダムに配置しボイドをつくる

06 Maintenance 愛着とテリトリー

■壁とメンテナンス

ランダムに配置された壁の空間に「たむろ場」が生まれることを期待する。

主体性をもって選んだ壁はそのひとつのテリトリーになる。
そして、その壁やその空間に愛着が生まれ、メンテナンスにもつながるだろう。

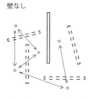

壁なし　　　　　　　壁あり

互いの視線が気になる　自分だけの空間ができる
公共の場所だと感じる　愛着が生まれる

07 ○○拠点

■防災拠点
天王川コミュニティ緑道沿いには防災拠点となる箇所がいくつかある。本敷地もその一角として利用可能である。
また、壁がランダムに配置されているためプライバシーの確保も期待できる。

■地域拠点
少子高齢化で新しく学校を建設することが懸念されるため、学校要素のHRを学校所有にすることなく、自治会等の地域利用も期待する。

■交流の拠点
県立浦和高等学校と市立浦和高等学校をはじめ、中学校や小学校の通学や地域の人々散歩の際に寄り集まって来る交流の拠点になることを期待する。

028

高楼都市
月島地区における
新しい超高層住居の在り方

Program	複合施設
Site	東京都中央区月島3丁目
Making	3カ月
Cost	100,000円

月島地区に見られる下町ならではの都市空間・生活空間を、そのスケールや屋内外の関係性の抽出により取り入れる。それに伴い構築される下町特有のコミュニティは、建物内の住人や就業者、来訪客等が相互に密接かつ開放的な関係性を築くことのできる空間を創出する。この超高層住居は、職住遊がかつてないほど近接する新しい都市の在り方・住まい方を、下町コミュニティの導入により実現する。

安西 達哉／八代 翔
Tatsuya Anzai / Kakeru Yashiro

東京電機大学
理工学部 理工学科
建築都市環境学系
建築意匠研究室

進路 ▶ 東京電機大学大学院

00.背景と目的
超高層マンションの存在が、各都市空間の更新や発展に強く影響している一方で、現状の超高層マンションは、徹底的な標準化によってその多くが似たような形状や機能、デザインとなっており、本来、固有の魅力を有していた各々の都市空間をつまらなくしている。より豊かで個性ある都市空間を形成するためには、現状の超高層マンションに代わる新しい超高層住居の在り方が必要なのではないだろうか。

01.設計敷地概要

月島地区は、かつて木造長屋群を中心とした下町情緒溢れる街並みが広がっていた。しかし、近年立て続けに行われる大規模な再開発事業により、昔ながらの長屋群は解体され、新たな超高層マンションの竣工が相次いでいる。

02. 問題
①都市空間からの乖離
②都市空間の均質化
③災害時における 高層部住人の孤立

03.ボリューム計画

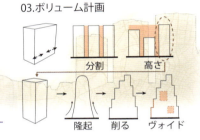

04. 月島要素の抽出

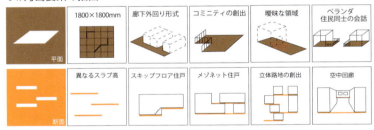

05.1 階平面図

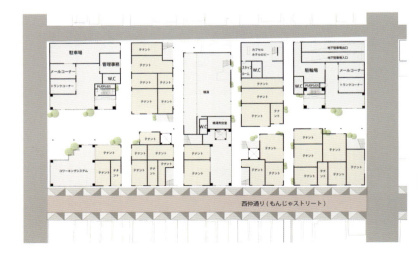

06. 全体構成

ヴォイドの挿入

①中間領域の生成
建物に挿入したヴォイド空間はオープンスペースとして機能し、住戸と共用通路の間に出現する。住人が生活の表出・あふれ出しを行う私的空間でありながら、共用通路を通る様々な人がコミュニケーションを図る公的空間にもなる

②採光
ヴォイド空間により、建物低層部や内部通路等、従来採光が難しかった空間も外気に接することになる

南西側エントランス
敷地1階には、10箇所のエントランスを設けている

高さの分割
建物各棟について、南西棟25階、中央棟15階、北東棟29階とする。

コワーキングスペース

新もんじゃストリート
階層や棟間を跨いで連鎖的に配置する。既存のもんじゃストリート(西仲通り)から敷地内高層部にまで連続的に続く立体路地により、新たなもんじゃストリートとなる

1,2Fに計画した銭湯施設にアプローチする路地

月島の街区構成に見る4本の路地から連続する配置とする

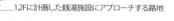

西仲通り商店街から見上げた建物外観

テナント・住居に囲まれた開放的な吹き抜け空間

日常生活・店舗での商業、オフィスでの活動が見られる

吹抜け空間とガラスのEVシャフトが貫通

新もんじゃストリート・もんじゃ焼き店

モンジャヤがロジと一体的な空間を創出している

中央棟・北東棟間のヴォイド空間

銭湯施設「高楼の湯」縁側と隣接する路地

タイプA 30㎡

030

街の中に残る暮らし

ミャンマー・ヤンゴン郊外における子育てしやすい環境で長く住み続けられる集合住宅

Program	集合住宅
Site	ミャンマー、ヤンゴン
Making	6カ月
Cost	30,000円

子どもたちにとって遊びとは健やかな成長を形成する重要な要素である。しかし現在、ミャンマーでは子どもが遊べる空間、時間は減少し、また、子どもが一人で遊びに行くのが危ない、心配で行かせないというさまざまな理由で遊ぶ機会は遠ざかっている。子どもたちが好む空間や習い事が行える場所などを取り入れ、遊びを中心に多くの人と交流し、社会性を身に付けるなど子どもの健やかな成長の形成につながると考えられる。地域の人と交流できる空間つくりで時間が経つことにつれ、より住宅全体が子どもたちを優しく守り、成長できる空間になっていくと期待できるだろう。

ニン シュエ イー
Hnin Shwe Yee

ものつくり大学
技能工芸学部
建設学科
岡田公彦研究室

進路 ▶ 就職

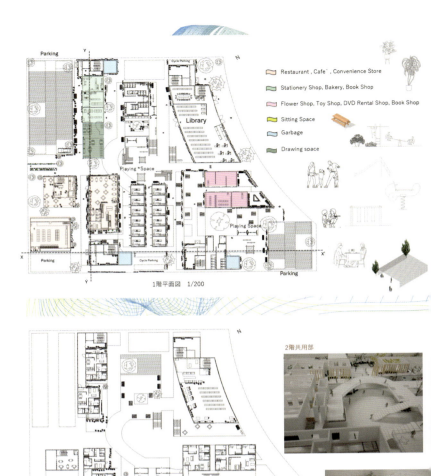

本計画は住居空間、地域の人も利用できる商業施設空間、子どもたちが自由に遊べる空間に分かれている。単親世帯でも住みやすい環境、子育てしやすい環境になると思う。廊下や住戸などに大きなガラス窓の設置、建物の高さを変えることで、子どもたちをどこからでも見守ることができ、住民たちがお互いの活動を見て、自然と交流が生まれることが期待できる。バルコニーやテラス、縁など多く入れることで太陽の光やさわやかな風、音や匂いを感じ、リラックスできる場所、また、住人同士でコミュニケーションが取れ、孤立しないような住戸の関係づくりを意識した。住居空間を家族で住みやすい広さ、単親世代や1人暮らしでも住みやすい広さに分断した。

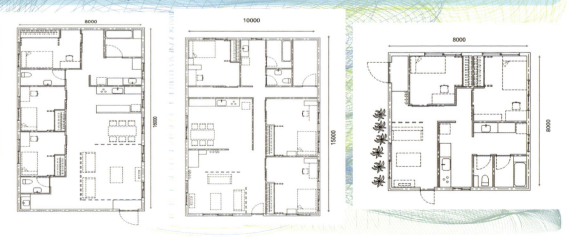

032

detohama ambient

人と自然の
相利共生関係を促す
オフグリッド建築群

Program	休憩・宿泊施設
Site	秋田県潟上市天王下浜山
Making	4カ月
Cost	30,000円

近年、我々人類は枯渇性エネルギーから再生可能エネルギーへの移行を試みている。これは、＜寄生関係＞から＜相利共生関係＞への人と自然との関係の移り変わりと捉えられる。

計画地はかつて油田で栄え、現在は風力発電に注力している秋田県潟上市の沿岸部。海や保安林が広がる自然の中に風力発電機が立ち並ぶこの場所の景観は、人と自然の相利共生関係を象徴するものとなっている。沿岸部を走るサイクリングロードを活かしながら休憩施設やサイクルステーション、宿泊施設を計画することで、景観や周辺環境から利用者が自然を身近に感じ、その価値を感じ取れるオフグリッド建築群を構想する。

篠木 大樹
Daiki Shinoki

日本工業大学
建築学部
建築学科
小川次郎研究室

進路 ▶ 日本工業大学大学院

敷地南東より俯瞰する
地形に沿って床レベルを変え、地に這うような形態を持たせる

海側より休憩棟を見る
砂浜にあるベンチでは風や音など、五感を通して自然を感じることができる。

休憩スペース内観
この場所では正面に水平線が広がり、左右には風車が立ち並ぶ保安林が望める。

プログラム兼配置図

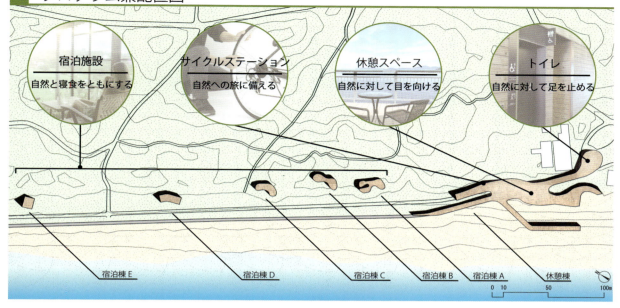

宿泊棟の設計手法

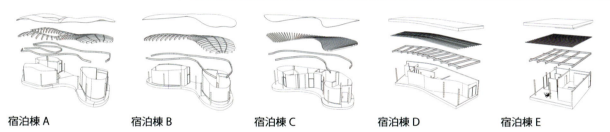

宿泊棟はA~Eの分棟形式とし、宿泊棟側から徐々に間隔を広げて配置する。宿泊棟Aは有機的な形態をもち、宿泊棟Eにかけて直線的、人工的な形態へと変化させることで建築を周囲の自然と対比させる。

休憩棟の設計手法

屋根架構は日本一の杉人工林面積を誇る秋田県の県産材を利用する。スパンの変化に併せてアーチの曲率が変化し、連続する梁によって屋根に曲面が現れる。

鉄骨の柱に桁を架け、木材の梁を渡す。柱・梁・桁で構造を完結させることで屋内空間の配置計画に自由度を持たせ、ガラス張りによる開放的な無柱空間を実現する。

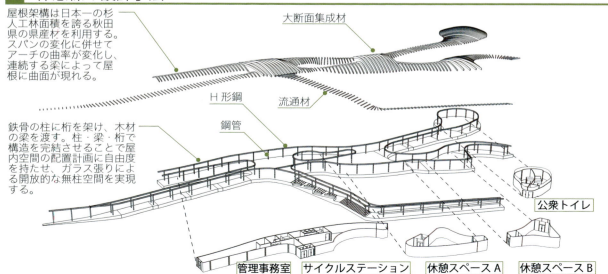

034

大切な小さなことを

Program	子育て支援センター
Site	東京都渋谷区笹塚
Making	4カ月
Cost	100,000円

子育て支援はもっと街に馴染ませることが大切である。親から子供への悩み、子供から親への悩み、親同士の悩み・・・・・日常にはたくさんの悩みが落ちていて、それが散ってしまう前に私たちは手を差し伸べなければならない。この建築はそのようなとても大切で小さなことを受け止める。本敷地の周辺には小中一貫校・商店街・中高一貫校があり、商店街では子供達が遊ぶなど、すでに子供と街の人々との交流がいたるところで見受けられる。本計画は子育て世代だけでなく、子育て世代以外の街の人々も利用できる施設とし、子育て支援が街の風景の一部となっていくことで支援施設を利用しやすく、早い段階でさまざまな親子に手を差し伸べる。

[まち全体を取り込む支援]

敷地周辺で起きているまちの人々の関わりを現地調査し、設計する敷地で起こしたい出来事のイメージカードをつくり、まちに馴染む建物を目指す。
本敷地が学校に挟まれていることから、前面の商店街には子供達が多く溢れており子供と街の関わりがすでにあった。

佃 彩名
Ayana Tsukuda

東京電機大学
未来科学部
建築学科
建築設計研究室

進路 ▶ 東京電機大学大学院

[透明化する支援を建築で顕在化]

子育て支援施設の8割以上が保健所または役所に収容されていることで、現在の行政機関の建物の形状傾向により、大半の施設は外側から中の活動状況が見えづらい状況にある。それにより、本来目指している**支援内容(ソフト面)**が収容している建物(ハード面)の生み出す影響によって乖離してしまっている。

[子育て世代包括支援センターの役割]

①**ポピュレーションアプローチ(一次予防):誰でも同じ支援が受けられる**
1A:問題と問題と思う前に築いて解決する(相談に乗る・必要な支援を与える)
1B:雑談程度の軽い相談からできる

②ハイリスクアプローチ(二次予防):スクリーニングされた人たちへの支援
健康診断や学校からの情報などから支援が必要とされた人
支援を顕在化させる建物を作ることで専門家だけでなくまち全体の関心が子育てに向き、些細な変化に敏感になれると考える。

スクリーニングされた人々が受けるハイリスクアプローチと比べて、ポピュレーションアプローチは支援自体が受け身であるため、もっと生活の場に馴染ませることで、施設利用の敷居を下げてまちの人々が誰でも来れて、外から活動が見える、「**公園**」のような施設を作る。
対象者を限らずに、子育て世代をケアする世代も施設にいれることで地域拠点になり、その場所自体が子育て空間になることを目指す。

[形状決定]

    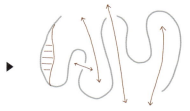

[凹凸が生むまちと人の接点]

商店街とこれから建て替え後できる、小中学校のまちの人々が入れる地域拠点に敷地が挟まれている。この建物の凹凸によって、まちとこども達の繋ぐ役割を果たす。**壁の高さによる空間の強弱や、内外の壁周りの仕掛けによって、人それぞれのちいさな出来事を生み出す。**

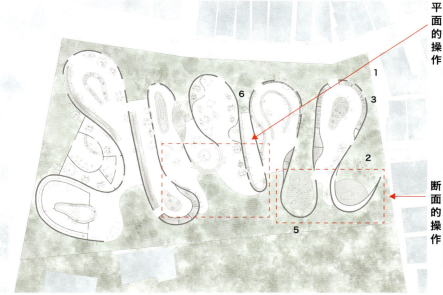

平面的操作

M字に壁がうねりながら幼児室・職員室・作業室が繋がっている。職員室のカウンターを介して子供達や親達が保健師に話しかけ聞きたりする。

断面的操作

畑部分の壁は庭側に向かって座れるほどの高さの壁になっている。畑で作業をしているこどもにも老人が話しかけたり、やり方をつい教えたりしたくなる。

1 道路からの眺め

2 ホール

3 シェアキッチン

4 図書館

5 畑

6 作業室

035

残り香に宿る
北品川宿、じわり再編

Program	お祭り資料館・小ライブラリー
Site	東京都品川区
Making	4ヵ月
Cost	30,000円

計画地は東京都品川区、北品川商店街とする。このまちには、江戸時代に宿場町であった頃の細長い地割りが残っているが、現在はペンシルマンションの建設が進み、寝に帰るだけの住宅街へと変わろうとしている。このまちに再び人と人のつながりをもたらすために、地割りを使ってまちを再編する。地割りの上に界壁を建て折り曲げることで新たなつながり方を生み出す建築を提案する。

濵 ゆとり
Yutori Hama

日本大学
生産工学部
建築工学科
篠﨑健一研究室

進路 ▶ 日本大学大学院

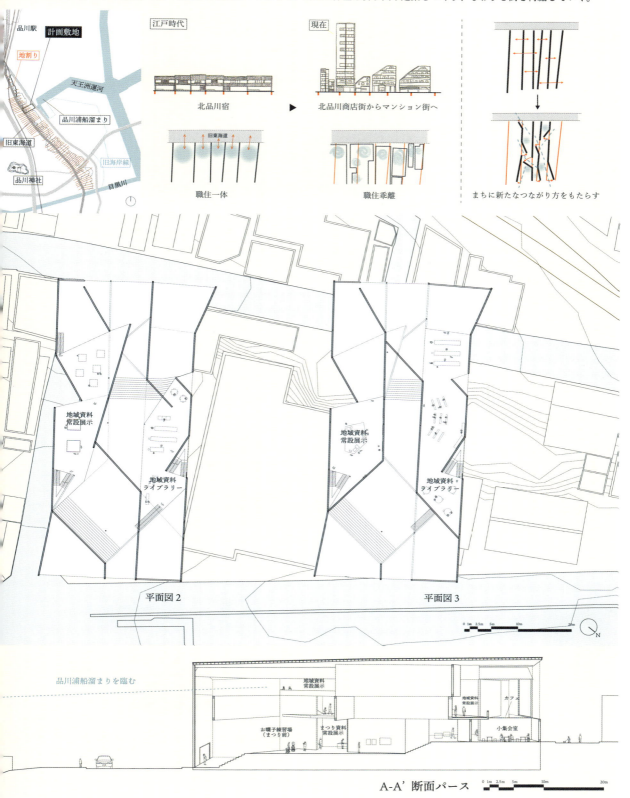

036

モード再構築拠点

東急百貨本店
アップサイクル計画

Program	複合アップサイクル施設
Site	東京都渋谷区
Making	6カ月
Cost	60,000円

衣服の大量生産、大量消費は加速する一方で、衣服は人にとって最も身近であるのに、その製造過程やゴミの行き先、リユースのされ方はあまり知られていない。そこでゴミ問題への問題提起を行い、衣服の大量消費への認識を変えるために、情報発信のまち渋谷のかつての消費の拠点である東急百貨本店の構造躯体を残し、古着を今ある資源として活用することで再生し、発信する場を設計する。

國峯 朝紀
Tomonori Kunimine

芝浦工業大学
システム理工学部
環境システム学科
建築空間デザイン研究室

進路 ▶ 芝浦工業大学大学院

01 対象敷地

東急百貨本店の敷地。広域で見ると渋谷駅から放射状に形成された道がこの敷地によって二手に分かれている特徴があり、ゴミ問題に警鐘を鳴らす場として相応しいと考えた。隣接しているのはBunkamuraという公演や、展覧会などが行われる複合施設である。

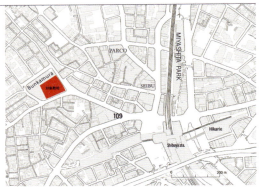

02 プログラム

服飾に繋がりのある、服のリサイクル施設、デザイン服飾学校、販売、アトリエ、制作過程を見せるギャラリー、新素材開発のためのラボ、植物園を提案する。それら近しいプログラムには相互関係が生まれる。

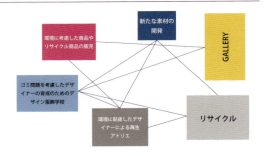

03 リサイクル

この施設で回収された服は、アップサイクルされ販売される。またそれを人々が着古し、古着ゴミとしてこの施設に届ける。
循環型のリサイクルプロセスとなっている。

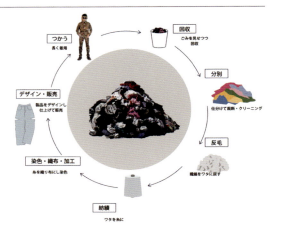

04 設計

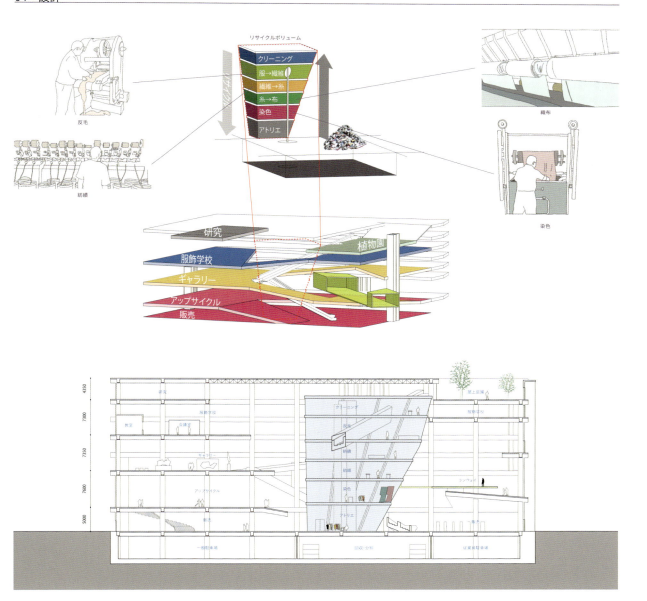

037

Wat Rang Bua Thong橋
集う市場、繋ぐ橋

- **Program** 土木商業施設
- **Site** タイ国スパンブリー県ソンピーノン郡
- **Making** 3カ月
- **Cost** 250,000円

市場を開催し、寺と集落を繋ぐ橋の設計。敷地はWat Rang Bua Thong という寺北部である。この敷地は一年を通して約3mの水位変化があり、毎年約3カ月間洪水が発生する。そのため建築物は基本高床式となっており、舟による交通が盛んである。現地調査を経て発見した既存の橋と立地、洪水に伴う課題を解決するため、橋を高架化し、市場とラビアンを取り込んだ。また、洪水時の浮力によって浮かぶ橋桁を提案し、水位によって使い方が変化する橋とした。橋と商業を組み合わせることでそこは小さな拠点となり、出店者がそれらを繋ぐ。寺院と集落を繋ぐ小さな「橋」は、いずれ地域同士を繋ぐ、巨大な「橋」となる。

渡部 真優
Mayu Watabe

東京理科大学
創域理工学部
建築学科
西田司研究室

進路 ▶ 東京理科大学大学院

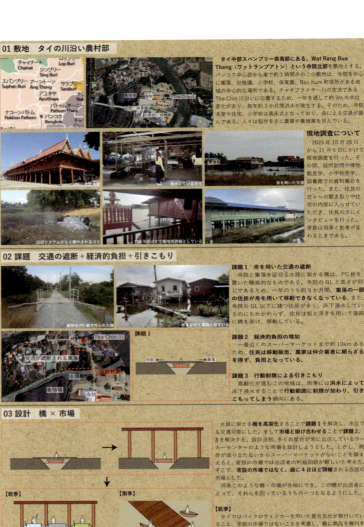

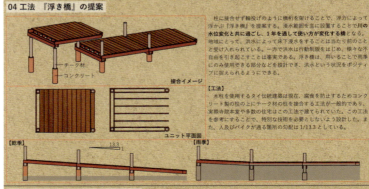

078

038

御笑劇場

笑いの連鎖を生み出す
大衆芸能劇場

Program	劇場施設
Site	東京都渋谷区渋谷
Making	6カ月
Cost	40,000円

御笑い文化が多様化していくなかで、それに反比例するかたちで劇場文化は衰退している。若者を中心とした劇場離れや、現代の御笑い劇場は空間計画がなされていない。そこで今提案では、『興味関心の誘発』『劇場での良さ』を観客側の視点を軸とし、『つかみ』と『笑いの連鎖』の手法を用いることで、御笑い劇場の為の空間を設計した。

佐藤 慧
Kei Sato

工学院大学
建築学部
建築デザイン学科
冨永祥子研究室

進路 ▶ 工学院大学大学院

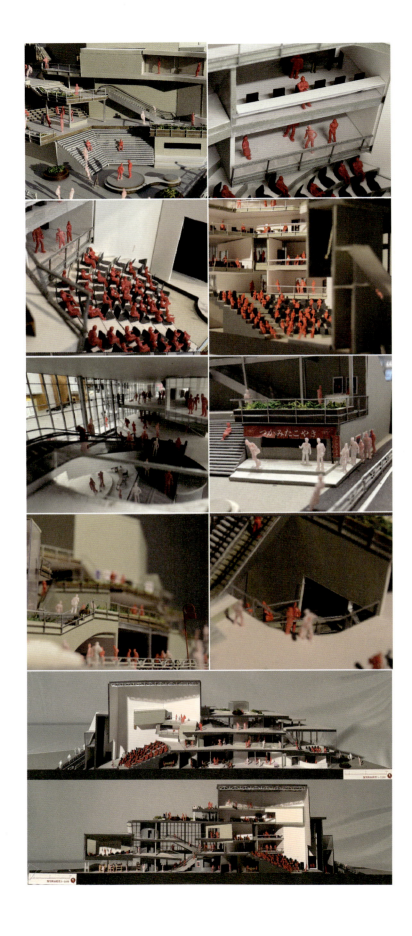

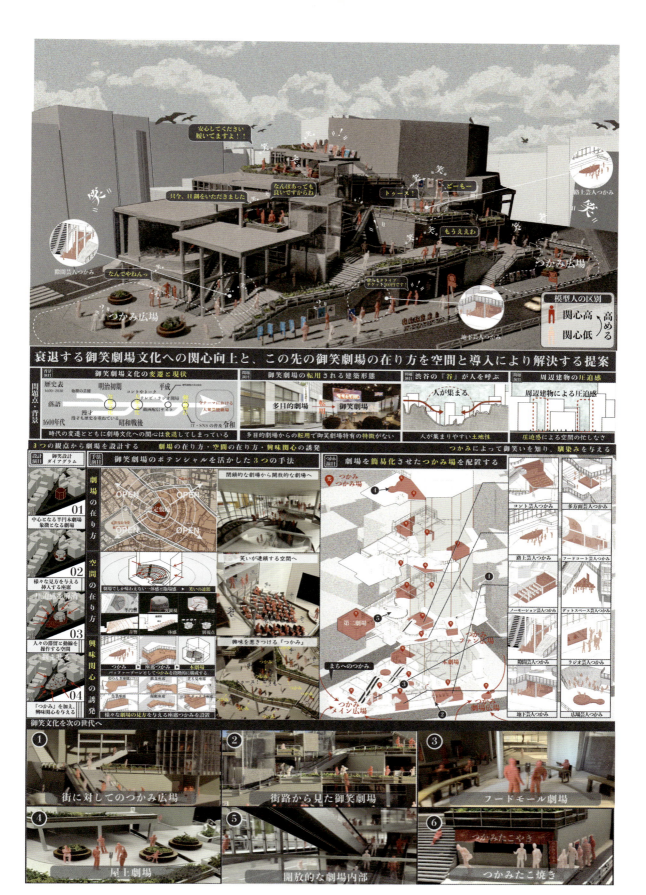

039

創作の境界前線
都市のギャップに現れる断片的風景の展示

Program	アート施設・工房・集合住宅・展望台
Site	神奈川県横浜市西区・中区
Making	4カ月
Cost	90,000円

街の賑わいやインフラ、営みといった都市の風景を絵画のように見るための建築の提案である。創造都市横浜という「芸術発信の街」に対する「芸術を創作する場」を旧東急東横線跡及び周辺の幹線道路に設計し、インスピレーション的対象として創作の活動や隣接する都市の風景、街の日常を切り取りながら都市そのものを鑑賞化させる。これらの建築がギャップ空間に作用することで、人々の生活に日常のシーンに街の風景や創作活動が介入され見過ごしがちな日々に、風景や物事に対して鑑賞の目を持つことができる。芸術とはこういった身近な日常にも眠っているのかもしれない。

岡村 知輝
Tomoki Okamura

東京電機大学
未来科学部
建築学科
日野雅司研究室

進路 ▶ 東京電機大学大学院

性格も歴史も異なる二つの街を取り持つギャップを肯定的に捉える。

ギャップを活かし絵画のような魅力をもつ都市の賑わいを見るための建築を提案

インフラも些細な日常も絵画として

一過性の絵画

首都高に飲み込まれる歩道橋

電車に突き出すフレーム

速度の混在

川と人が並走する

川の流れは街へと伸びる

既存と新築の共生

短足になった高架の足

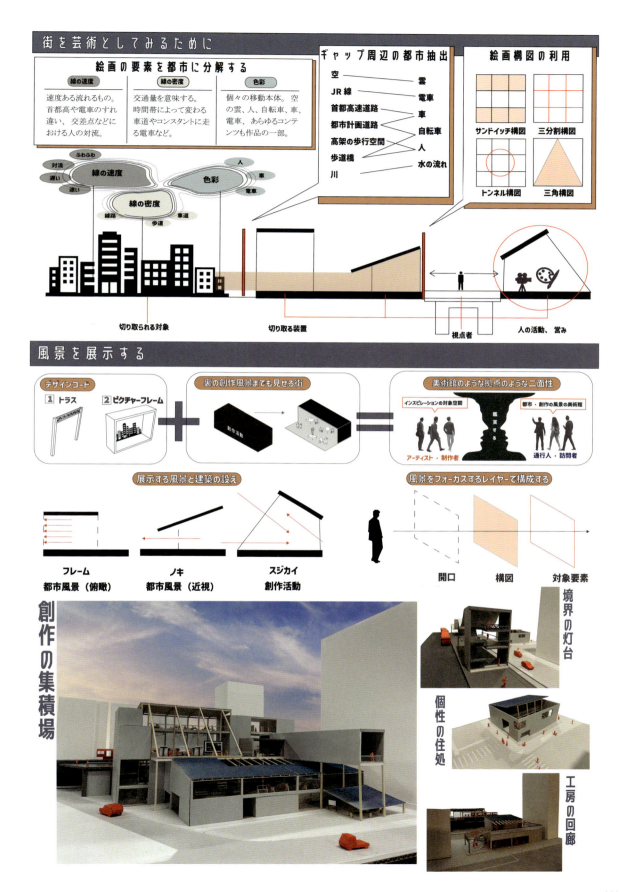

040

抜けて、ひろがる、まちの入り口
宇都宮駅西側に奥行きを

Program	複合施設
Site	栃木県宇都宮市
Making	1年間
Cost	50,000円

宇都宮市の中心市街地において、JR宇都宮駅西側は二荒山神社やオリオン通り、飲食店などの賑わいの資源がありながらも、人びとの活動は駅前の大通りが主となっている。そこで大通りから奥へと人びとの流れをつくり出すために、本設計では大通りに面した旧パルコの空きビルとその裏側に続く街区までを計画地としてつなげていく。旧パルコの躯体やまちの文化、歴史、営みを引き継ぎながら奥へと引き込みつつ、人びとが流れ、とどまり、にじむような設計を行った。これにより、人びとが思う今の「まち」の認識が広がり、宇都宮駅西側に活気を取り戻すための第一歩となる。

鈴木 晴香
Haruka Suzuki

日本工業大学
建築学部 建築学科
生活環境デザインコース
空間デザイン研究室

進路 ▶ 就職

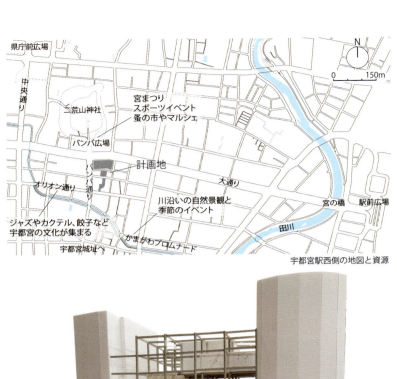

宇都宮駅西側の地図と資源

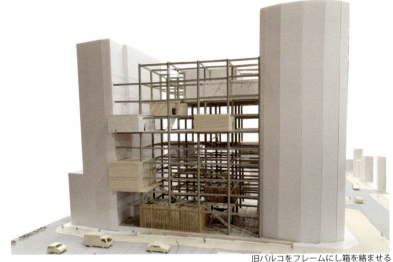

旧パルコをフレームにし箱を絡ませる

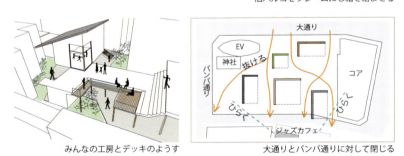

みんなの工房とデッキのようす　　大通りとバンバ通りに対して閉じる

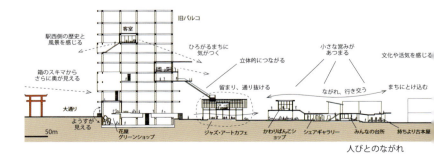

人びとのながれ

041

居てもいい場所
―リチャード・ロジャース「歌舞伎町プロジェクト」との共生―

Program	立体公園
Site	東京都新宿区歌舞伎町
Making	6カ月
Cost	10,000円

「居たいと思う場所」や「一緒にいたいと思う人」は人それぞれ存在するのではないだろうか。人の居場所とは、その人が安心感や帰属感を感じ、自分らしさを表現し、思い思いの時を過ごすことのできる場だ。日常で居場所を失った若者たちが、新たな仲間を繋ぎ、ともに過ごす「止まり木」を提案する。そして、強い魅力を持つが広く世に知られていない、"林原第5ビル"と共生する状況をつくり出すことで、新たな歌舞伎町の成長となりお互いの新たな可能性を切り開くことを目指す。
若者たちは新たなコミュニティや居場所を見つけ、埋もれていた林原第5ビルは、新たな歌舞伎町の象徴となり、お互いを輝かせる。

志風 智香
Tomoka Shikaze

ものつくり大学
技能工芸学部
建設学科
今井弘研究室

進路 ▶ ものつくり大学大学院

01. 歌舞伎町に集う若者たち

現在、新宿・歌舞伎町の通称「トー横」には劣悪な家庭環境・不登校など、日常に居場所を感じられない若者たちが集まっている。若者たちが歌舞伎町に集まるのは"人"がいるからだ。日常で上手く人間関係を築くことのできなかった若者たちが見つけ出した居場所が歌舞伎町なのである
人は人を繋ぎ、"人の輪"は広がっていく。この人の輪を広げることのできる空間を提案し、心理的な充実感や新たな視点や知識の獲得、チームワークと協力関係の構築を目指す。

02. 若者たちの行動

若者たちは、路上や広場にたむろし、様々な行動をとっていた。しかし、歌舞伎町での対策により、若者たちの居場所は、また奪われようとしている。このような、歌舞伎町での日常を取り戻すことを目指す。

03. 埋もれた名建築

1980年代から日本でも外国人建築家の活躍が目立ち始め、リチャード・ロジャースもそのうちの一人である。そんなリチャード・ロジャースの名建築「歌舞伎町プロジェクト林原第5ビル」が歌舞伎町の喧騒の中に埋もれている。

04. "居場所のない若者たち" × "埋もれた名建築"

学校や仕事など、社会的なグループに馴染めず、自分の居場所を探し、"歌舞伎町に集う若者たち"と、強い魅力を持つが広く世に知られていない、"林原第5ビル"が共生する状況を作り出すことで、お互いの新たな可能性を切り開き、それぞれがより良い方向へ導かれることを目指す。
若者たちは新たなコミュニティや居場所を見つけ、埋もれていた林原第5ビルは、新たな歌舞伎町の象徴となり、お互いを輝かせる。

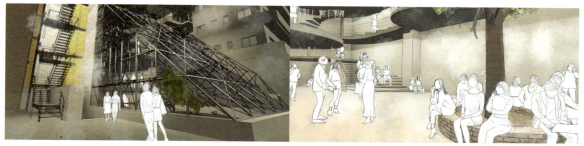

05. 居てもいい場所

5.1 立体公園
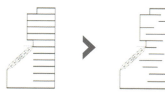

既存する建物の躯体をできる限り残し、スキップフロアとすることで、地下2階から地上10階までの空間を分断されことのない一つの空間とし、誰もが自分の時を過ごし、多く人と交流することのできる立体公園として計画する。

5.2 止まり木

止まり木の"幹"となる新たなコアを作り、建物の中心で空間を繋ぐ。

5.3 高低差

既存のスラブから吊るす形で、新たなスラブを配置する。高低差をつけることで、多様な空間を生み、視覚的なコミュニケーションが生まれる。

5.4 緑

多くの緑を取り入れ、穏やかで豊かな環境を共有することで、思い思いの時を過ごすみんなの居場所を繋ぐ。

5.5 重なり

・重なり
一緒に時を過ごす"人"は重要な要素であり、異なる個性や経験が交わり重なり合うことで、新たな繋がりが形成され、人は成長する。"重なり"があることで、個々の居場所へとつながり、人間関係やコミュニティは成長し、人を繋ぐ。この"重なり"を重なり合ったスラブで表現する。

・個性
人はそれぞれ個性がある。個性のように、様々な形で、様々な大きさで、様々な高さにスラブを作ることで、多様な空間を生む。人はそれぞれお気に入りの場所を見つけ、自分らしく思い思いの時を過ごす。

・気配
どこにいても複数のフロアとのつながりを持てるようにすることで、多くの人の気配を感じることができる。温かく包み込まれるような安心感が生まれ、自然なコミュニケーションや人とのつながりが育まれる。

・壁のない空間
オープンな環境を提供し、コミュニケーションを活性化させる。視覚的な接触が増えることで、コミュニケーションが自然な形で生まれやすくなる。

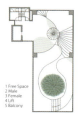
B1 floor plan

5 floor plan

9 floor plan

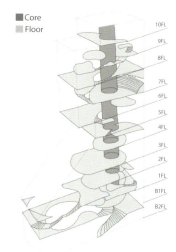

GRADUATION DESIGN
CONTEST 2024
Chapter4 研修旅行記

第23回卒業設計コンクール 受賞者研修旅行記

🇯🇵 国内研修旅行記 …鳥取・愛知

[2023年埼玉県知事賞]
宮本 早紀
実践女子大学 生活科学部 生活環境学科 内藤将俊研究室　※所属は出展当時のもの

鳥取 編

8月下旬、友人と2泊3日で鳥取県を訪れました。羽田空港から飛行機で約1時間。
飛行機からは鳥取砂丘と青く澄んだ海が見えました。今回はレンタカーを借りて、鳥取県鳥取市を中心に回りました。

Day 1

1日目は倉吉市役所本庁舎を訪れました。丹下健三の設計により1956年に建てられた、国の登録有形文化財に登録されている庁舎建築です。コンクリート打ち放しの重厚的な見た目から、写真より更に迫力を感じました。ピロティや中庭もあり、コンクリートの重い印象の中にも開放的な空間が広がっていました。

夜は鳥取駅のすぐ前にある、黒川紀章設計の「ホテルニューオータニ鳥取」に宿泊しました。レンガのファサードが特徴的で、高級感あふれるロビーは緊張感がありました。

❶鳥取空港　❷鳥取県出身の漫画家であり、「名探偵コナン」の作者である青山剛昌の記念館「青山剛昌ふるさと館」　❸倉吉市役所本庁舎 外観　❹階段は蹴り込み板のないオープン型が採用されていて、中庭からの日差しを遮らず、室内に光を入れていた　❺シーザー・ペリ設計の多目的ホール「鳥取県立倉吉未来中心」　❻ホテルニューオータニ鳥取　❼ロビー

Day 2

翌日は、ホテルから見えた美しいファサードに惹かれて鳥取市役所を訪れました。特徴的なファサードは鳥取砂丘の色をイメージしているそうです。

鳥取駅周辺から車で移動し、岩美町の浦富海岸を訪れました。ユネスコ世界ジオパークに認定されている「山陰海岸ジオパーク」の一部である、山陰海岸国立公園を約40分かけてめぐる遊覧船に乗船し、岩美ブルーと呼ばれる海の景色に感動しました。

❽鳥取市役所　❾エントランスロビー　❿TVアニメの舞台となった岩美町にある岩美駅　⓫浦富海岸　⓬浦富海水浴場近く、岩場の上に建つ荒砂神社　⓭田後港全体を見渡すことができる港神社

Day 3

鳥取砂丘を訪れました。時間の都合で入り口付近までしか行けませんでしたが、らくだがいたり、砂丘セグウェイ体験ができたりと、さまざまなアクティビティが用意されていました。

鳥取砂丘の向かいには、木目のファサードと特徴的な外観が印象的な「タカハマカフェ」が建っていました。隈研吾が設計したカフェで、テラスからは日本海と砂丘を一望できました。

⓮鳥取砂丘　⓯タカハマカフェ　⓰テラスからの景色　⓱"砂で世界旅行"をコンセプトとして砂像が展示されている「砂の美術館」　⓲旧鳥取城跡に建つ洋風建築「仁風閣」（文化財保存修理工事のため長期休館中）

愛知 編

9月上旬、土日を利用して愛知県に行きました。1泊2日で、電車やバスなど公共交通機関を利用することもあり、豊田市と名古屋市栄近辺のエリアに限定してさまざまな建築を見学しました。

Day 1

豊橋駅から名古屋鉄道に乗り換え、豊田市美術館へ向かいました。静かな住宅街を進んで行くと、その先に何度も写真で見た美しい光景が広がりました。エントランスから内部へ進むとガラスで隔てられているにも関わらず、外と一体となったように感じました。

豊田市美術館からバスで移動し、住宅街に建つ豊田市逢妻交流館へ。ホールも講義室も全て円形でできており、それらを柔らかい曲線がつないでいました。部屋をつなぐ空間はカーペットが敷かれており、子どもたちが狭い空間に入り込み、ゲームをしたりして遊んでいました。

逢妻交流館からバスと電車を乗り継ぎ、白川公園内にある名古屋市美術館に到着しました。受付時間に間に合わず、中に入ることはできませんでしたが、外観のアプローチ空間やサンクンガーデンを見ることができました。

⑲豊田市美術館の外観 ⑳1階エントランス廊下の階段 ㉑廊下の階段を上った先にあるテラス ㉒高橋節郎館（2025年1月17日まで休館）㉓豊田市逢妻交流館の外観 ㉔円形にくり抜かれた天井から光が差し込む ㉕名古屋市美術館の外観 ㉖同じ白川公園内にある名古屋市科学館 ㉗エントランスの様子 ㉘サンクンガーデンへのアプローチ

Day 2

栄駅を出てすぐのところにある「ルイ・ヴィトン 名古屋栄店」は、外壁のガラスにルイ・ヴィトンのダミエラインがあしらわれており、高級感のある建物でした。近くには大きなガラス屋根が特徴的な「オアシス21」もあります。一駅移動し、隈研吾設計の「ミライエ レクストハウス ナゴヤ」の外観も見学しました。

神宮前駅から徒歩5分ほど場所にある熱田神宮は、大きく分厚い屋根のかかった社殿がとても美しかったです。境内にはお食事所があり、木陰でくつろぐこともでき、何時間でもいられる穏やかな空間でした。

㉙ルイ・ヴィトン 名古屋栄店 ㉚オアシス21 ㉛ミライエ レクストハウス ナゴヤ ㉜熱田神宮 ㉝村野藤吾設計の丸栄百貨店の跡地に建てられた商業施設「マルエイガレリア（丸栄）」㉞内部の近未来感のある大きな吹き抜けが印象的な複合施設「ナディアパーク」

091

私の選択は間違ってなかった

選んだのは、合格者の50%以上が進んだ王道ルートでした。

1級建築士 合格実績 No.1

平成26～令和5年度
1級建築士 設計製図試験
全国合格者占有率 [10年間]

54.8%

他講習利用者+独学者 / 当学院受講生

全国合格者合計 36,470名中／当学院受講生 19,984名
（令和5年12月25日現在）

★学科・製図ストレート合格者とは、令和5年度1級建築士学科試験に合格し、令和5年度1級建築士設計製図試験にストレートで合格した方です。　※当学院のNo.1に関する表示は、公正取引委員会「No.1表示に関する実態調査報告書」に基づき掲載しております。　※全国ストレート合格者数・全国合格者数

総合資格学院

東京都新宿区西新宿1-26-2
新宿野村ビル22階
TEL.03-3340-2810

合格実績No.1のヒミツを公開中！

スクールサイト
www.shikaku.co.jp
総合資格 [検索]

コーポレートサイト
www.sogoshikaku.co.jp

田中 道子
令和4年度 一級建築士合格
総合資格のおかげで人生変わりました。

総合資格学院イメージキャラクター
令和4年度 一級建築士試験合格
当学院受講生・俳優
田中 道子さん

令和5年度
1級建築士 学科+設計製図試験
全国ストレート合格者占有率
51.8%
他講習利用者+独学者 / 当学院当年度受講生
全国ストレート合格者 1,075名中 / 当学院当年度受講生 557名
(令和5年12月25日現在)

令和6年度
1級建築士 学科試験
当学院基準達成 当年度受講生合格率
90.1%
全国合格率 23.3%に対して 約4倍
8割出席・8割宿題提出・総合模擬試験100点以上達成
当年度受講生 332名中 / 合格者 299名 (令和6年9月4日現在)

令和6年度
1級建築施工管理 第一次検定
当学院基準達成 当年度受講生合格率
80.5%
全国合格率 36.2%に対して 2倍以上
8割出席・8割宿題提出
当年度受講生 257名中 / 合格者 207名 (令和6年8月23日現在)

(公財)建築技術教育普及センター発表に基づきます。 ※総合資格学院の合格実績には、模擬試験のみの受験生、教材購入者、無料の役務提供者、過去受講生は一切含まれておりません。

X ⇒「@shikaku_sogo」
LINE ⇒「総合資格学院」
Instagram ⇒「sogoshikaku_official」で検索!

開講講座: 1級・2級 建築士/建築・土木・管工事施工管理/構造設計1級建築士/設備設計1級建築士/宅建士/インテリアコーディネーター/建築設備士/賃貸不動産経営管理士

法定講習: 一級・二級・木造建築士定期講習/管理建築士講習/第一種電気工事士定期講習/監理技術者講習/宅建登録講習/宅建登録実務講習

GRADUATION DESIGN CONTEST 2024

埼玉建築設計監理協会主催　第24回 卒業設計コンクール　**作品集**

発 行 日	2025年1月9日
編　　著	埼玉建築設計監理協会
発 行 人	岸 和子
発 行 元	株式会社 総合資格　総合資格学院
	〒163-0557　東京都新宿区西新宿1-26-2 新宿野村ビル22F
	TEL 03-3340-6714（出版局）
	株式会社 総合資格 ‥‥‥‥‥‥‥‥ http://www.sogoshikaku.co.jp/
	総合資格学院 ‥‥‥‥‥‥‥‥‥‥ https://www.shikaku.co.jp/
	総合資格学院 出版サイト ‥‥‥‥ https://www.shikaku-books.jp/

編　　集	株式会社 総合資格　出版局（梶田 悠月、金城 夏水、坂元 南）
デザイン	株式会社 総合資格　出版局（三宅 崇）
表１作品	菅野 大輝「額縁から見る ―建築の作品化による街道沿いの分散型展示廊―」
表４作品	久保 桜子「流動的図書空間 個性の片影が集う本棚の世界」
印　　刷	シナノ書籍印刷株式会社

本書の一部または全部を無断で複写、複製、転載、あるいは磁気媒体に入力することを禁じます。

ISBN 978-4-86417-571-5
Printed in Japan
ⓒ埼玉建築設計監理協会